Knowledge BASE 系列

現代，其實很古典

 定調人類格局的

八大文明

鄭伊絢 著　　蒲慕州 審訂

了解文化現象的由來與發展，
進而了解社會為何如此存在

生活在二十一世紀，至少在我們身處的社會中，資訊的發達，可以讓人們很方便的獲得各種資料。尤其在網路上所能得到的消息，多到令人無法消化。書本，還能有什麼作用？我的想法是，一本書，如果有主題，有組織，有文采，可以在一定的範圍內提供方便、正確，客觀的訊息，是網路漫遊較不易得到的好處。

一、文化並非永恆不變

本書談的是古代文明。那麼文明與文化有什麼不同？這是個相當值得思考的問題。與「文化」一詞相應的英文為 culture，其原義為「滋養」，意思是人群賴以滋養生存的基礎。而中文的「文化」可能來自《易傳》中「觀乎人文，以化成天下」的說法，有「以文質轉化」的意思，也就是說人們在接受一套「文質」（即思想和生活方式）之後有所「轉化」而得以成長。不過，文化在現代社會中是一個太普通的詞，以至於人們在使用的時候並不會考慮它的確切意義。一般當人們說「某人沒有文化素養」，指的大概是某人缺乏對音樂、藝術、文學的知識。但是當一個考古學者說「新石器文化」的時候，這裡的「文化」其實指的是一地區人群的生活方式，主要是他們的工具、器物、生產方式、建築和墓葬等等。而當一個歷史學者說「希臘文化」時，「文化」指的多半是一群人的思想、生活，信仰和價值觀，當然也包括文藝創造等等。對人類學家而言，「文化」一詞指的是一個社會中人們習得的行為模式。如果綜合上面幾類說法，我們可以說，文化是某一群人所共同分享的，並且可以在該人群中傳遞至下一代的生活方式、物質創造，以及思想和信仰。但我們也必須注意的是，不同時代的人們會不斷創造新的文化內容，因而並沒有一個永恆不變的文化。

二、有城市等於有文明

那麼，什麼是「文明」（civilization）？如同「文化」一樣，文明也曾是不少學者企圖定義的概念。由於 civilization 一詞源於拉丁文的 civis ，也就是「城市」，因而在歐美傳統中，所謂的「文明」，基本上與城市生活有密切的關係。美國考古學者 Clark 曾經給「城市」下了定義，其中就包括範圍和人口數

量有一定規模文字的出現，有神廟宮殿等大型公共建築、產業分工專業化、社會階級分化、與域外的貿易活動、政府組織成形等等……。有了城市，也就等於有了文明。這種定義，現在也幾乎成為一般的共識。但是我們也應該注意，這個定義的背後，其實是有一個明確的立場，即有城市、有文字……才算文明。所以，「文明」所描述的，主要是人群活動外在的表現。相較之下，「文化」一詞，則是比較重視人群活動的內在精神結構。文化與文明兩個詞，在不需要過分挑剔語意的情況之外，也常常會被交互使用。

三、文化演進是當今社會運作的基礎

　　如果問，為何要有這樣一本書，我們的理由是，這個世界極端複雜，其中包含極為豐富的文化現象。做為一個有知識有自覺的現代人，了解現代世界的根源，現代世界的問題，不能沒有一個歷史的深度，也不能沒有一個基於歷史深度而來的對於異文化的包容和欣賞，否則文化偏見和文化衝突是無法化解的。因為每一個文化都多少有它的自我中心觀點，總以為除自己之外的文化都是「野蠻」、「無文」的。中國古代以華夏文化和西周的蠻夷戎狄相對，認為「文化」只有一種，即華夏文化。古埃及和兩河流域的人們也視外族為野蠻人，不知文明為何物。希臘人所說的「野蠻人」barbarian 一字，原意就是不會說希臘話，口中發出不知所云的 bar-bar 的聲音的人。這種以自我中心觀點出發的文化意識，常常是文化衝突的源頭。要自覺甚至去除這種文化中心主義，了解不同文化的歷史根源，找出不同文化的共同價值，欣賞其特殊的成就，了解及包容一些外人看來 「不文明，沒文化」現象，都需要從歷史中找尋答案或指引。了解各種文化現象在歷史上的來龍去脈，可以做為了解我們自身所處社會之所以如此存在或運作的基礎。

　　本書的目的，就是在提供讀者一個從歷史來了解現代世界文明的角度。本書有一個特色，就是作者製作了許多的圖表，以及東西年代及大事的對照表，很能夠幫助讀者得到一個文明發展的主要特點及它在全球歷史發展中的脈絡。當然，本書顯然不可能網羅世界文明的全貌，而即使是古代文明，也不見得能照顧全局。但如果可以引起讀者進一步探索這方面的知識的興趣，那麼本書的目的也就達成了。

蒲慕州

中研院史語所兼任研究員
香港中文大學歷史系講座教授

世界八大文明分布圖

在不同環境中，誕生各種不同的文明。每個文明在歷史出現的時間前後不一，維持的時間也有長有短，但相同的是其文明成果都影響了現代。

封閉環境造就出緩慢卻驚人的文明，除城市規劃以金字塔為中心外，精密的曆法及數學計算也令人驚豔。

● 中南美洲

承繼且發揚希臘文明在其務實性格的影響下，以建築、法律等實際層面的文明成就影響於世。

由各自為政的城邦在相互往來間發展出的文明。是西方世界、乃至於全世界的文明基礎。

環境的艱難，使得多種民族在此爭相競奪，發展出人類最早的城市文明。

唯一至今仍持續發展不間斷的古文明。周朝後期蓬勃的思想發展是今日東方思想的基礎。

● 羅馬

希臘

西亞

中國

埃及

阿拉伯

印度

以宗教為力量所凝聚而成的文明最大成就在於統合、轉換、呈現各地文明成果。

安穩的環境，加上得天獨厚的尼羅河定期氾濫，造就出令人驚嘆的建築、曆法成就。

擁有數座先進城市，但從出現到及衰亡的原因至今仍是謎。後來出現的吠陀文化則影響了佛教發展。

目 錄

第一篇　史前文明

第四篇　印度文明

第五篇　中國文明

第六篇　希臘文明

第七篇　羅馬文明

第八篇　中南美洲文明

第九篇　阿拉伯文明

第一篇

史前文明

中國山西西侯度文化遺址有用火痕跡。

西亞蘇美人開始有農業文明。

中國有距今1萬年以上的陶片出土。

人類從何而來，學界至今仍有爭議，大致可以肯定的是，人類從東非起源，再遷移至亞洲、歐洲、美洲，而在過程中藉由器物的創造逐漸推進文明的進程。可確定人類最早創造的器具是石器，接著是陶器，並在製造陶器的高溫環境中奠定之後銅器、鐵器的生產基礎。除了器物文明外，雕像、壁畫等史前藝術的起源雖是基於宗教或巫術的目的，但其藝術表現仍讓人驚豔，也豐富了人類精神方面的文明。

兩河流域
出現人類最早
青銅器。

西台帝國
製造並應用
鐵器。

人類文明
的開端

約西元前 2 千
至 3 千年前
英國南方威爾
特郡鎮出現巨
石陣。

北 美 洲

英國 德國

距今 4 萬多年前
西班牙卡斯蒂略
洞穴出現最早的
史前壁畫。

西班牙

大
西
洋

太 平 洋

南 美 洲

人類善用大自然的材料，開創出以石器為工具的文化，此後不斷運用智慧與技巧，創造出陶器、青銅器與鐵器等不同器物為主的史前文化。

距今 30 萬年前
出現曾主宰歐洲的尼安德塔人。

約西元前 1400 年
西台人開始掌握製造鐵器技術。

距今 200 萬年前
中國開始出現史前人種（巫山人）。

北 冰 洋

歐 洲

亞 洲

太

西台

中國

平

以色列

兩河流域

洋

非 洲

距今 23 萬年前
以色列出現最早女性雕像。

東非

印 度 洋

約西元前 4 千～ 3 千年
兩河流域最早進入青銅器時代。

距今 20 萬年前
東非出現現代人種祖先的智人。

*B.C. 表示西元前，A.D. 表示西元後。

◆史前文化概說

人類自東非開始向外遷移

相較於歷史時代，人類的史前時代是漫長的，同時發展的進程也是緩慢的，但人們就在這緩慢的進程中，一步步走向文明的開端。

因競爭而加快移動的腳步

人類從何時開始出現，一直是學界爭議不斷的話題。根據科學家的研究，四百多萬年前雖還未出現人類，但已出現人類與黑猩猩的共同遠祖；三百多萬年前，非洲出現人類遠祖——南猿，自此人類的演化過程才開始逐漸清晰。而在二百五十萬年前，開始有真正的人類出現，稱之為巧人或能人，此即現代人的祖先，人類也大約從此時開始使用石器。

近幾年，學者根據各地人類基因（DNA）來推測人類的起源和遷徙過程。有一論點認為，人類最早起源於東非，而智人（現代人）是由東非地區先向外遷徙至小亞細亞、中東，再往南遷移至南非等地。接著陸續遷徙至中亞、中國，以及向東南遷徙至印度、東南亞、澳洲。此外，有另外一支往歐洲遷移，大約是在三萬五千年至四萬年前。此後再往北方更寒冷的西伯利亞推進，並經由西伯利亞到達美洲。智人移動的速度十分緩慢，經歷數萬年至數十萬年的時間，但也大致確定現代人類的分布。

人類遷徙的原因大多與生存有關，因為早期人類以採集、捕魚、狩獵為生，尚未有自行生產糧食的能力，為了獲得足夠的食物來源，必須經常遷徙，因而無法長時間定居於一處。除此之外，族群和族群間也常因食物而互相競爭，勝利者可留下來，失敗者則必須離開，進一步推動人口移動的進行。

克服環境限制，創造文明

史前時代地球尚處於蠻荒狀態，叢林遍布、資源有限，手無寸鐵的人類必須與兇猛的動物一同爭取生存環境與資源。然而「物競天擇，適者生

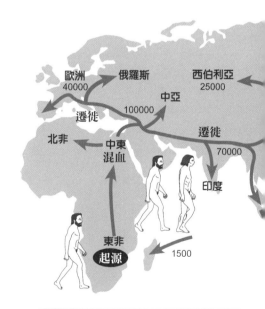

尼安德塔人與智人皆為人屬，已絕種。但學者發現非洲人以外的大多數現代人都有尼安德塔人的基因，因而推斷……

存」，人類與動物最大的不同是腦容量較大，懂得發明工具以對抗猛獸，並克服與改變惡劣的環境，最後創造出屬於自己的文化。

可以確定的是，人類最早用石器做為生活或防禦的工具，如做成武器或是用來狩獵或收割等，因此石器文化可以說是人類最早的文化。石器時代根據石器製做方式的不同，可分為舊石器時代和新石器時代。舊石器時代石器製做的方式較為粗糙，以敲打為主；新石器時代石器製做技術較為進步，以磨製為主。隨著石器的製做日漸精良，人類生活開始走向陶器、金屬器等物日益精良，社會、宗教和藝術產生，以及文字發明等重大進程，文明就在這樣的變化中一步步開展出來。

科學家從 DNA 推測的人類起源與遷徙路線

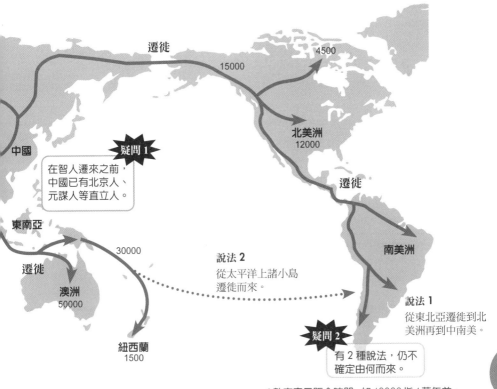

遷徙

15000

4500

中國

疑問 1

在智人遷來之前，中國已有北京人、元謀人等直立人。

北美洲
12000

遷徙

東南亞

30000

說法 2
從太平洋上諸小島遷徙而來。

南美洲

遷徙

澳洲
50000

說法 1
從東北亞遷徙到北美洲再到中南美。

疑問 2

有 2 種說法，仍不確定由何而來。

紐西蘭
1500

＊數字表示距今時間，如40000指4萬年前。

◆人類起源
從古代猿類進化到人類祖先

人是從猴類演化成猿類，再演化成南猿、猿人，再演化成現代人（智人）而來。歷經幾
百萬年的演化，大多數的人類物種都已滅絕，唯有智人在最後脫穎而出，存活至今。

介於猿與人類之間的南猿

生物學家和人類學家根據挖掘出來的古生物化石，來推測人類的演化過程。透過 DNA 差異來推估，人類是從舊世界猴演化而來，先演化成猿類（長臂猿和猩猩皆屬之），而後大猩猩先自猿類分支出去。接著人和黑猩猩再各自分化成獨立的物種。因此，黑猩猩是世界上與人類血緣最相近的動物，DNA 驗證也證明兩者僅有百分之一到百分之二的差異。但此時自猿類分化出來的人類祖先仍保有部分猿類的形態，不是真正的人類，尚需歷經能人和直立人階段，直到演化成智人，才是與現代人基因完全相同的物種。

南猿約生存於三千萬至五百萬年前，在非洲、歐洲和亞洲皆有發現不同種類的南猿化石，包括非洲南部與東部的南方古猿、歐洲的森林古猿，以及在印度、中國等亞洲各地的臘瑪古猿。考古學家發現，南猿可能已經開始直立行走，不過仍會爬行，因此和現代人的走路方式仍有很大的差異。但生活在五百萬至一百萬年前的南方古猿，慢慢地脫離猿類，牙齒、頭顱等骨骼化石也逐漸與人相近，且前額腦區發達，與智人相似。不過他們的頭顱和腦容量較小，只有現代人的三到四分之一。

從能人到直立人

南方古猿發展至後期，其中一支逐漸演化成能人，或稱為巧人，學者認為這是現代人最早的祖先。他們的手臂很長，體形和現代人仍有差距，但腦容量已較南猿大，考古學家也發現，能人化石旁有石器，證實能人已會製造並使用工具。

直立人的腦容量又比能人大。直立人也稱為猿人，約生存於二百萬至二十五萬年前，屬於舊石器時代早期的人類，特徵已與現代人相似。目前已知最早發現的直立人是印尼爪哇島的爪哇人。此後又陸續在中國北京

非洲猿類
高 1 ～ 1.3 公尺
約 1000 ～ 2000 萬年前

南猿
高 1 ～ 1.3 公尺
200 ～ 500 萬年前

300ml

400 ～ 550ml

用四肢爬行，腦容量僅是現代人的 20%。

已可雙足直立行走，但形態仍然像猿。腦容量約現代人的 35%。

周口店發現北京人，在陝西省發現藍田人、長江三峽地區發現巫山人，以及雲南省發現元謀人。其中據推測巫山人是東亞和中國地區最早的人類，距今約二百萬年前。除了亞洲地區，考古學家也在非洲、歐洲其他地區發現直立人的化石。

直立人的發展至今仍無定論，有學者認為非洲的直立人約在一百多萬年至兩百萬年前因氣候變化而出走非洲，遷徙至歐洲和亞洲，從此各地直立人便開始各自演進。

人類演進過程

人類大約經歷南猿、能人、直立人和智人四個階段，過程中不斷擴張的腦容量讓人類與猿類差距愈來愈大。

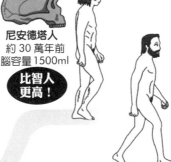

尼安德塔人
約 30 萬年前
腦容量 1500ml

比智人更高！

能人
高 1.5～1.8 公尺
20～150 萬年前

直立人
高 1.5～1.8 公尺
200～25 萬年前

智人
高 1.7～1.8 公尺
約 40 萬年前

600～800ml

腦容量已較南猿大，約現代人的 50%。可能已會使用工具。

900~1000ml

可能已知用火，腦容量約是現代人的 70-80%。

1350～1400ml

完全的直立姿態，走路姿勢與腦容量皆與現代人相近。

腦容量單位：ml（毫升）

我們有尼安德塔人的血統

在歐洲發現的海德堡人和尼安德塔人，是歐洲地區直立人與智人之間演化過程的重要階段。

海德堡人於一九○七年在德國海德堡出土，有學者認為海德堡人是歐洲最早的直立人，也可能是智人和尼安德塔人的祖先，在歐、亞、非三洲都有他們的遺跡。海德堡人的腦容量大，幾乎與現代人接近，但身材較高大，肌肉也較發達。與海德堡人一起發現的還有犀牛、鹿、象、野牛、馬等動物化石和木製的矛叉，且這些動物化石有被宰殺的痕跡，可見當時的歐洲仍是大型動物聚集的蠻荒地區。

尼安德塔人約生存於距今三十萬至三萬千年前，其足跡遍布歐洲和中東，成為當時歐亞大陸的主宰。尼安德塔人的腦容量與智人相差無幾，甚至更大，他們的特徵是擁有寬闊的鼻子和不明顯的下巴，體型也較為健壯，能適應酷寒的環境。科學家原本以為尼安德塔人已經滅絕，被後來的智人所取代，然而近年來的研究卻發現，大多數居住在非洲以外的現代人，體內有百分之四的基因來自尼安德塔人。由於尼安德塔人並未在歐洲和中東以外的地區發現，而現代人除了非洲地區的人之外，多擁有尼安德塔人的基因，因此，科學家推測非洲的智人遷徙到中東時，曾與尼安德塔人相遇和混血。

智人就是現代人的祖先

智人，顧名思義是指有智慧的人，又稱真人，是現今仍存活於世界上的人屬物種，也就是現代人所屬的物種，約出現於四十萬年前，又可分為早期智人和晚期猿人，早期智人包括中國山西的丁村人、陝西的大荔人等。中國北京周口店附近所發現的山頂洞人以及法國發現的克羅馬囊人則屬於晚期智人。他們約出現於三至四

海德堡人
發現地：德國。
可能是尼安德塔人的祖先。

尼安德塔人
發現地：德國。
蹤跡遍布歐洲、西亞。
距今約 30 萬年前。

能人
發現地：東非。
距今約 200～500 萬年前。

最早的人屬動物

萬年前，其體型特徵已與現代人幾無差異。他們會使用複雜的石器，且有藝術和宗教的表現。

　　從直立人至智人，歷經一百多萬年的演變，人類除了愈來愈能直立行走之外，更重要的是，隨著腦容量不斷在擴張，思考能力也不斷在增加，加速人類的演化和文化發展。

早期重要人屬的分布

藍田人
發現地：中國陝西省藍田縣。
距今約 80～60 萬年前，屬直立人。

格魯及亞人
發現地：喬治亞。
介於能人和直立人之間。
距今約 180 萬年前。

亞洲直立人祖先

北京人
發現地：中國北京周口店。
屬於直立人，距今約 50 萬年前。

山頂洞人
發現地：北京人附近。
屬於舊石器時代晚期的智人，約距今 3 萬多年前。

巫山人
發現地：中國四川重慶長江三峽地區。
約 200 萬年前的直立人。

中國最早的人屬

元謀人
發現地：中國雲南元謀縣。
距今約 170 萬年，屬直立人。

爪哇人
發現地：印尼爪哇島。
屬直立人。

最早被發現的直立人

◆舊石器時代

在經驗中學會做石器和用火

根據石器製做方式分為舊石器和新石器時代。舊石器時代的人類在惡劣的環境下，已知用火和語言改變環境，不僅促成社會組織的發展，更促進人類的進步。

以打製石器為主要工具

大約距今二百多萬年開始，人類懂得用最容易取得的石頭來製造器具，以做為防禦或生活之用，從此，石器成為史前時代最重要的表徵，學者因而將這個時代稱為「石器時代」。而隨著經驗的累積，加上智慧的增長，人類所製造生產出來的石器也愈來愈複雜和精細，學者便依據石器製做的方式和精細程度的不同，將石器時代分為舊石器時代和新石器時代。

史前人類手無寸鐵、身無長物，卻要面臨蠻荒叢林和大型猛獸的挑戰，可說身處於相當險惡的環境。此時人類尚不會自己生產食物，只能以漁獵和採集的方式維生，而這兩者光是靠赤手空拳是不可能的，因此人們開始使用隨手可得的石器來做為輔助工具。最初人類只懂得撿取地上的石塊做為攻擊獵物或猛獸的武器，後來發現燧石的質地堅硬緻密，適合敲擊，便以燧石敲打燧石的方式來製造石器，因此大部分的石器都是以燧石打製而成，如沿著兩個長邊敲打，做出鋒利的刃，再敲擊某一端使其變尖銳，製造出一種可以直接握在手上使用，用來切割、砍伐或挖掘的工具，另外還有砍砸器、石球、手斧等。

改變人類文明進展的東西

考古學家在一百多萬年前的史前遺址中，發現人類居住的洞穴裡有燒成灰燼的骨頭和植物遺跡，因而推測舊石器時代的人類已知道用火。學者推測，人類可能因閃電雷擊、森林大火而意外發現火的功用，並取得火種，所以最初的火源應是來自於大自然。後來人類又學會以燧石敲擊或鑽木取火的方式取得火源，大大促進生活的改變。

人類已知用火，不僅可以適應更冷的氣候環境，還可以熟食、減少疾病，也可以用火來照明、燒伐山林和驅趕野獸，火的使用成為人類征服環境的重要關鍵，可說是人類的一大進步。

除此之外，語言也在此時開始出現。人類透過聲音與同伴傳達訊息，經過長期和頻繁的使用，以及人類發音器官的進化，而形成語言。隨著語言的出現，使人類腦部接收更多訊息，也加速大腦進化。除此之外，人類藉由語言傳遞知識和情感，凝聚共識和力量，更促進社會組織和文化的發展。

史前時代工具的演變

舊石器時代

1. 打製石器為工具。
2. 石器表面粗糙，未經修飾。

例❶ 砍砸器

打製方法是沿著器物正面的一邊打剝，所以鋒刃僅有一邊或一端。

可用來砸碎獸骨。

例❷ 石片器

石片器多從一塊大的橢圓形或圓形石頭敲打下來，因此邊緣很銳利。

可以宰鹿。

中石器時代

1. 會製做細小的石器。
2. 使用骨器、骨針。
3. 已開始磨製鑽孔

例❶ 石錐、石針

又稱小型石英石片器，多是用質地細緻的材料製成

可以在獸皮上穿孔。

例❷ 骨針

骨針用來縫製獸皮、製做衣服，可知人類此時已有審美觀念。

用來縫製獸皮、獸衣。

新石器時代

1. 磨製石器。
2. 所製器物表面細緻。
3. 發明陶器。

例❶ 石斧

可用來砍樹、劈柴、挖土或除草，戰爭時用來當做武器。

可砍樹、挖土。

例❷ 陶器

用黏土或陶土塑形，再以爐火燒製而成，主要當做生活用具。

可用來裝物及煮食。

◆新石器時代

定居生活使人類開始發展文明

新石器時代人類的生活有三個變革,包括磨製石器、陶器出現,以及開始進入農業生活。這些變革代表人類對自然環境的依賴降低,且主動性的獲取食物。

因農業產生,人們開始定居

距今約一萬年前,人類的生活方式開始出現劃時代的進步。人類逐漸脫離採集、漁獵的生活,開始懂得自己生產食物。考古學家在各地遺址中發現許多作物種子,證明此時人類已開始有農業活動,另外,根據大量出土的動物骨骼證據,可顯示人類已出現豢養豬、狗等家畜的行為。農業和畜牧的出現,對人類的生活方式產生重大影響,因此這段時間被部分學者稱為「農業革命」或「產業革命」。

過去人類僅能單純依賴大自然供給食物,也必須配合食物來源過著居無定所的游牧生活。但自從人類成為食物的生產者後,就無需再配合自然環境移居開始定居,並逐漸出現農業聚落。而不用再為食物來源煩惱的人類,也開始有更多時間從事文化創造,或團體、社會活動。

農業聚落的出現,使得社會分工愈來愈細,開始出現多餘的人力從事非勞動的工作,如管理、宗教或工藝活動等等,因而產生聚落首長或宗教領袖等管理階層,社會階級開始出現。新石器時代末期,人類的競爭逐漸擴大至部落與部落之間,人類開始凝聚團體力量,建造大型建築、防禦性宮牆等,因此農業聚落開始形成城市,社會組織也更嚴密,並產生許多社會制度,如法律、制度、文字等。

用陶器做以往所做不到的事

由於有較多的時間從事創造,人類製做石器的方式也趨於成熟,並出現大幅度的改變,考古學家便將此時稱為「新石器時代」。

此時的石器製做方法以磨製為主,表面平整光滑,在外形上更能符合人類需求。石器大多鑿有一個圓孔,如此可與木頭、皮革、繩索等其他材質結合,由此推知,此時的石器在形制上較以往更複雜、功能也更多元。

除此之外,人類也開始製做陶器。陶器對人類文化發展的重大意義,在於這是人類首度懂得選取材料,運用自己的智慧掌控溫度和時間,製造出原本自然界沒有的物質。陶器的出現,使人類可運用的容器更多,做更多過去所做不到的事情,如裝盛、儲存水或食物,或是用來烹煮等。此外,也可用來製做飾品,而陶器上的紋飾更顯示出新石器時代人類的審美觀和藝術價值。

史前時代的陶器製做流程

step 1

既有容器不敷使用

人類在竹籃外填滿泥土使其不漏。但因泥土會溶於水，使用時間不長。

step 2

意外發現

人類發現將這些容器燒製後就會變硬，可以長期使用。

step 3

製做陶土

人類將黏土或陶土加水，再與沙、礫砂混合，接著揉土，使其均勻。

step 4

成形

人類用手捏坯或用泥條一層層的疊出陶器造型。

step 6

乾燥

陰乾已完成塑形和裝飾的陶土。

step 5

裝飾

修整器面之後，在容器口緣或器身做裝飾，以增加容器美觀。

step 7

燒製陶器

最後以露天或是製窯的方式燒成陶器。

◆銅器時代

人類工藝走向高度水準發展

人類最早使用的是紅銅，最被廣泛應用的是青銅，青銅器可說是重要的文明表徵之一，不僅使人類生產力提高，也創造出更豐富成熟的文化和藝術價值。

青銅時代前曾有「紅銅時代」

　　人類冶煉金屬的技術是從採石和燒製陶器的基礎上發展而來的。人類在採石過程中發現各種金屬礦石，加上成熟的燒陶技術能讓人類有效掌握陶窯高達上千度的高溫，為冶煉金屬所需具備的高溫條件奠定良好的基礎，而在發展過程中，人類又逐漸發展出鎔鑄、鍛造等技術，因而使得金屬器製做技術日趨成熟。

　　人類最早使用的是紅銅（天然銅），因在大自然中，紅銅的顏色最醒目，所以最早被人類所注意，新石器時代中後期，人類就已開始知道使用紅銅，人類發現紅銅不易碎裂，又有光澤，可以做小型的工具或裝飾品，但紅銅質地較軟，不適合製成器物，所以在使用上並不普遍，仍以石器為主，有學者稱此階段為銅石並用或金石並用時代，可說是石器進入青銅器的過渡階段。

在紅銅製造過程中發現青銅

　　因銅礦通常不是單獨存在，會夾雜錫、鉛或孔雀石等礦物，所以人類在冶煉紅銅的過程中發現若加入錫、鉛等其他金屬礦物的話，可降低紅銅的熔點，增加紅銅的硬度，使其更容易鑄造成形。而在製造過程中又意外發現銅錫合金具有一定硬度和韌度，因而將它拿來當做各種工具、器物，甚至是兵器，後代學者因這種銅錫合金燒出來的顏色為青灰色，而將之稱為青銅。

　　青銅器的製做和大量使用，代表手工藝發展已到達一定水平，青銅器上精美的紋飾更是高度文明的象

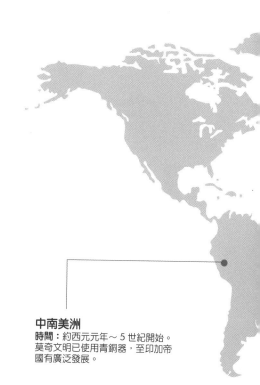

中南美洲
時間：約西元元年～5世紀開始。
莫奇文明已使用青銅器，至印加帝國有廣泛發展。

徵，因此青銅器的使用可說是人類進入文明的標誌之一。世界各地均有青銅器的發現，其中最早使用青銅器的地區是兩河流域，中國則是青銅器文化中發展最燦爛、藝術價值最高者。中國的青銅器文化始於夏朝，至商、周達於鼎盛，其種類樣式之多，為世界之最，包括各類的工具、容器、炊煮器、禮器、酒器、樂器、水器、銅鏡、車馬飾品等，且造型新穎、多變，紋飾繁複綺麗，雕工精湛，令人嘆為觀止。台灣的史前遺址也曾有青銅器出土，早期學者認為是經由海外貿易而來，然而近年來在台灣東部發現青銅器的模具，證實台灣可能也是青銅器製造地。

世界青銅器文化分布

世界最早

兩河流域
時間：西元前 4 千～ 3 千年。
蘇美人時已有使用。

歐洲起源

希臘
時間：西元前 2.5 千～ 2 千年。
由愛琴海上諸小島開始盛行。

最精美

中國
時間：西元前 2 千年。
商、周時達於巔峰。

印度
時間：
西元前 2.5 ～ 3 千年。
相當於哈拉帕文化時期。

埃及
時間：
約西元前 1 千 6 百年。
先有紅銅，再引進青銅。

◆鐵器時代

影響歷史走向的鐵器運用

鐵器比青銅器更晚被人類使用。但鐵器卻在人類的歷史上扮演重要角色，不論在社會階層的流動，或是政治軍事的角力上，都帶來重大影響。

比銅器更高難度的鐵器製做

鐵器在生產技術的難度比銅器更高，銅的熔點較低，當冶煉爐達到一定的溫度時，就可還原出金屬銅；但鐵的熔點較高，且必須再加上敲打、鍛造，才能排除空隙及鐵渣（雜質），煉製出較純的熟鐵。所以鐵器出現的時間比青銅器晚。

最早人類取大自然的鐵隕石煉鐵，而非從鐵礦燒煉，由於產量少，所以十分珍貴。而發展出真正的冶鐵技術、並大量生產並使用鐵器的國家是位於小亞細亞（今土耳其）的西台，時間約在西元前一千四百年左右。

之後，各地開始進入鐵器時代，時間不一，西元前一千年至八百年左右，冶鐵技術由小亞細亞傳入歐洲。中國大約在春秋時代開始使用鐵器，至戰國時代鐵器已普遍應用到生活中的各個層面。台灣的考古遺址中也有鐵器、鐵渣的發現，可見台灣史前時代亦已步入鐵器時代。

鐵器與人類歷史緊緊相扣

人類最早使用「塊煉法」來煉鐵，這種方式所提煉出來的純鐵質地較軟，可以鍛打成各種器物，如一般工具、農具、武器等，因此使用性比青銅器更高。除此之外，鐵礦較銅礦普遍，可大量生產，因而平民也能夠使用鐵器，所以鐵器的出現，導致青銅器的沒落。

除此之外，鐵器也為人類的歷史發展帶來劃時代的影響。首先是消滅社會階級的差距，平民擁有與貴族一樣的工具後，生產力提升、私有土地日益增加，因而地位提高，如在中國的戰國時代造成平民崛起、封建制度崩壞；在歐洲則讓平民有反抗貴族的力量。此外，鐵器的普及是促成農業興盛的重要關鍵，因為鐵犁、鐵耙的出現，使得耕地效率大增、耕地面積大幅增加、生產力提高，大幅提升經濟發展。除此之外，鐵器硬度、韌度均高，因此大量運用在兵器和裝備製造上，這些以鐵鑄造出來的兵器，比以往的武器更為鋒利，無形中影響人類戰爭的勝敗走向。西元前七百年左右，塞爾特人即因掌握煉鐵技術而控制整個歐洲情勢，鐵器也隨著塞爾特人的擴張而擴散至歐洲各地。

用塊煉法煉鐵

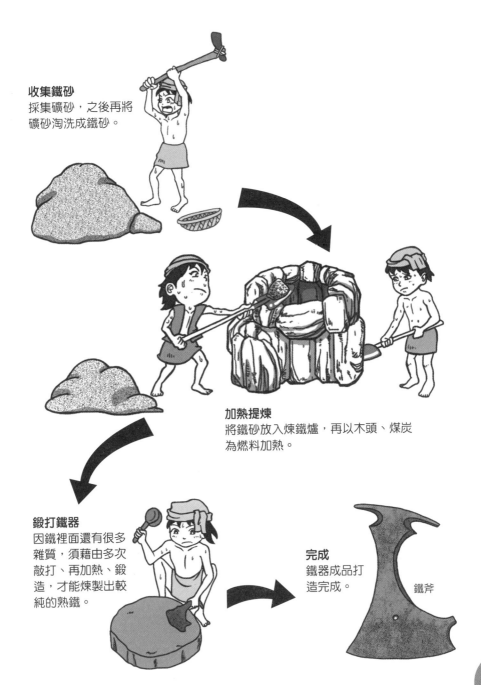

收集鐵砂
採集礦砂，之後再將礦砂淘洗成鐵砂。

加熱提煉
將鐵砂放入煉鐵爐，再以木頭、煤炭為燃料加熱。

鍛打鐵器
因鐵裡面還有很多雜質，須藉由多次敲打、再加熱、鍛造，才能煉製出較純的熟鐵。

完成
鐵器成品打造完成。

鐵斧

◆史前藝術

不單單只是藝術

展現史前人類在精神層面大躍進的史前藝術。其被創作的目的大多與宗教有關，因此除了具有簡單樸拙的美感外，還帶有神祕的色彩。

不為藝術而藝術

十九世紀末考古學家在史前人類居住的深山洞穴中，發現岩壁繪畫，從此開啟人們對史前人類藝術的認識。除了岩壁繪畫，還有許多以石頭、動物的角、獸骨所創作出來的小型雕刻，這些創作均帶有線條簡單、造型樸拙的特色，呈現出最原始的藝術樣貌。顯示出大約在三萬五千年至三萬年前，亦即舊石器時代中晚期，人類已開始進行藝術創作。

史前人類藝術創作的起源為何，一直是歷史學家關切的問題。學者相信，藝術創作的起源是來自於心靈本能的「衝動」。因為內在的衝動，人類透過不同的媒介來表達內心的情感或思想，而有不同的藝術創作。但學者認為，這些史前時代的藝術創作有其功能性和目的性，並非單純的藝術創作，而其功能或目的，最可能與宗教或巫術有關，人類透過儀式或創作，傳達對大自然神祇的崇拜，除此之外，也透過藝術創作，賦予巫術力量，祇求勝利，或是戰勝內心恐懼等等。

相信大地之神有神力！

因人類早期的藝術創作大多基於信仰而產生，因此後人也可從這些藝術創作中探索出史前人類的宗教觀。以史前時代最常見的雕刻作品——大地之神或生產之神為例，即可窺見生存和生產對史前時代的人類生活來說，是最重要的事。此外，史前人類對於大自然的神祕力量非常畏懼，因此日月星辰、四季萬物等亦是他們崇拜的對象。

史前人類可能相信「萬物有靈」，因此才會想透過藝術媒介，將自然神的形象雕刻出來，以表達崇敬與內心的祈求。而這些用大自然隨手可及的材料所雕刻出來的大地之神，大多是透過大腹便便的孕婦形象，或豐碩的胸部乳房來表達「多產」或「豐產」的期望。而這種對「多產」的渴求，不僅表現在作物的生產上，也包括了人類族群的增加，如對男性生殖器官的崇拜，就有隱含祈求生機勃勃的意涵。

除此之外，史前人類可能也認為這類藝術創作具有如巫術一般的力量，能對世界萬物產生影響，可支配各種自然神祕力量，因此也能幫助人類獲得豐產。這種透過人像藝術傳達巫術或是萬物有靈的觀念，從古至今不論中西文明皆然，甚至在今天的原住民族雕刻中仍能看見此一普遍性的信仰特色。

世界各地的史前「維納斯」或地母

持角杯的維納斯
年代： 約西元前 2.5～2 萬年。
特色： 臉、足部模糊，卻有清楚而誇張的女性生殖部位，手上的角杯顯示她可能正在進行宗教儀式。

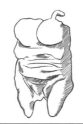

霍赫勒・菲爾斯的維納斯
年代： 距今至少 3.5 萬年。
特色： 用猛獁象牙雕成，胸部、臀部非常豐滿，生殖器極為誇張，沒有頭部。

維倫多夫的維納斯
年代： 約 2.5 萬～3 萬年前的舊石器時代。
特色： 過度強調胸部與腹部等與女性生育能力有關的部位，卻將頭部用頭髮纏繞的方式帶過。

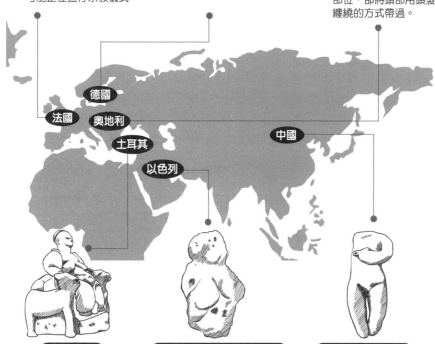

德國

法國　奧地利

土耳其

以色列

中國

大地女神
年代： 約西元前 6 千年。
特色： 有著巨大的乳房，狀似坐在椅子上分娩的模樣，影響後來的女神雕塑形象。

貝雷哈特拉姆的維納斯
年代： 約距今 23 萬年前。
特色： 造型樸拙，是目前發現最早的史前維納斯，屬於舊石器時代早期的作品。

遼寧紅色維納斯
年代： 約 4 千～5 千年前。
特色： 頭部殘缺，腹部凸出，臀部肥大，手撫上腹，狀似孕婦，全身紅色。

史前時代生存不易，生存和生產是人類最重視的事。表現在藝術創作上，就是出現許多具有孕婦形象的女性雕像，後代學者將之比喻為羅馬神話的生育女神，稱為「史前維納斯」。

高深莫測的面具文化

面具是一種同樣與宗教信仰或巫術有密切關聯的史前藝術。它是一種世界性文化，不論在歐洲、亞洲、非洲或美洲，都有出土造型奇特、神祕的史前面具。它最早起源於原始狩獵、敬畏頭顱和圖騰崇拜的信仰，史前人類將動物的頭顱製成面具並在狩獵行動戴上它，用來偽裝自己或嚇唬野獸。史前人類對於頭顱的敬畏來自於認為鬼神或動物的靈魂會附於具有臉面形象的物品中，因此戴上動物的面具，巫師便能獲得動物神力，動物神靈也能化成巫師，而戴上神祇的面具，就具有神的力量，可以祝禱祈福。除此之外，面具也常有驅邪避凶的功能，在家裡供奉面具，或是在祭祀活動戴上面具，都可用來驅趕惡靈。日後，隨著藝術文化不斷進展，面具才逐漸脫離宗教功能。

最早的面具是以動物的頭顱加上簡單的羽毛裝飾而成，之後則開始以木頭、陶土青銅、鐵、玉石、黃金等各種材質加以雕刻製做。除了精緻的雕功、寫實的人面之外，有時也會加上華麗的羽毛裝飾和彩繪，集各種藝術於一身。

巨石陣的作用至今仍是謎

在英國南部的索爾茲伯里（Salisbury）廣闊平原，有一個由環狀列石和環狀溝槽組成的巨石陣（Stonehenge），這些巨大的石柱呈長方形，排成一個環狀，似乎是圍繞一個中心點而呈現出同心圓狀的排列，現已列為世界遺產。

學者推測巨石陣屬新石器時代晚期至青銅器時代的遺跡，分為幾個階段建造而成。最早只建立外圍的環狀溝槽、堤岸和五十六個小坑洞，時間可上溯至西元前三千一百年，建造目的和年代都尚未有定論。一般認為可能與天文觀測或宗教儀式有關，因為在環狀巨石的入口外側三十公尺處有一個單獨矗立的石頭，稱為席爾石（Heel stone），正好處於夏至太陽升起的位置，因此有學者認為巨石陣是用來記錄太陽的運行，也有人認為是崇拜太陽的族群以巨石陣為紀念物，藉以悼念附近墓地的亡靈並舉辦祭祀或慶典活動。不論原因為何，皆讓人感受到史前人類豐富的創造力，以及對天文、工程、石材、運輸等精確的技巧掌握能力。

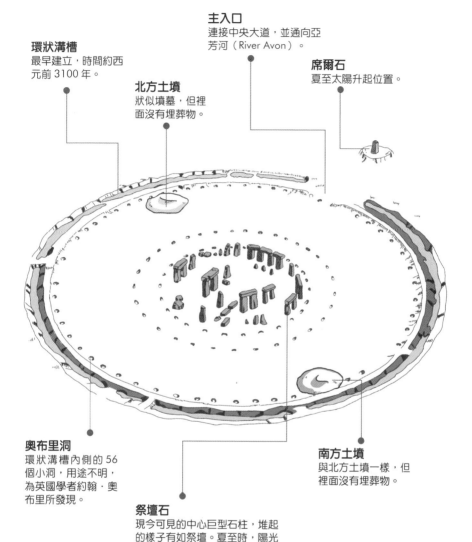

主入口
連接中央大道,並通向亞芳河(River Avon)。

環狀溝槽
最早建立,時間約西元前 3100 年。

席爾石
夏至太陽升起位置。

北方土墳
狀似墳墓,但裡面沒有埋葬物。

奧布里洞
環狀溝槽內側的 56 個小洞,用途不明,為英國學者約翰·奧布里所發現。

南方土墳
與北方土墳一樣,但裡面沒有埋葬物。

祭壇石
現今可見的中心巨型石柱,堆起的樣子有如祭壇。夏至時,陽光會穿過席爾石到祭壇石。

巨石陣
大大小小約有 30 幾個,最高有 6 公尺,相當於兩層樓高。

◆史前壁畫

繪畫在祈求狩獵順利中產生

人類最早的繪畫可追溯自舊石器時代晚期，多用簡單線條及顏色來繪製生動的動物狩獵情形，藉此祈求狩獵過程順利，因此也具有宗教和藝術的意涵。

九歲小女孩發現史前壁畫

人類還有一項主要史前藝術，即洞穴岩畫，顧名思義就是史前時代的人類在居住的洞穴岩壁上所做的畫，這也是人類最早的繪畫。

平時是法學家，也是業餘考古學家的桑托拉侯爵（Marcelino de Sautuola）自一八七五年左右開始在西班牙北部的阿爾塔米拉（Altamira）洞穴從事考古工作，但直到一八七九年九歲女兒瑪麗亞（Maria De Sautuola）隨其進入洞穴後，才發現洞穴岩壁上的動物繪畫，這是一處至少西元前一萬三千多年的舊石器時代壁畫。

除此之外，一九四〇年又有四個法國南部多爾多涅省（Dordogne）的少年在遊戲時意外進入一處洞穴，發現龐大的壁畫群，此即著名的拉斯科（Lascaux）洞穴壁畫。洞穴長達二百五十公尺，由多個相連的洞穴和通道組成，壁畫多達幾百幅，也有多幅岩石雕刻，因有如西斯汀教堂般的壯觀壁畫景象，而被後人譽為「史前西斯汀教堂」。

此後，考古學家又陸陸續續在歐洲其他地區發現洞穴壁畫，包括西班牙北部和法國南部等地，至今已有三百多處，據推測，這些壁畫涵蓋不同時代，可追溯至舊石器時代中晚期到青銅器時代早期。

為什麼要在岩壁上做畫？

這些史前壁畫的題材多為牛、馬、鹿、羊、獅子、熊等應為人類生活常見的動物，與人類有關者甚少，也未繪製周遭的山林景物，其顏色多以紅、黑、褐色為主。據學者推測，史前人類最早應以動物的血跡做畫，後來才發現可以從有顏色的土壤或礦物中得到顏料來繪製，如從紅赭石中取得紅色、木炭中取得黑色、高嶺土中取得白色，氧化鐵中取得黃、褐、紅等。

最早學者推測這些壁畫創作的目的是用來裝飾所居住的洞穴，但後來學者發現有許多洞穴無人居住，且位於極深、極偏僻之處，因而推翻「裝飾」的假設。也有學者根據壁畫多以狩獵動物為主，且多有動物被射殺的圖樣來推測，壁畫並非即興創做，而是一種狩獵前的巫術儀式，原理等同於藉由史前維納斯的雕像來祈求生育繁盛，史前人類透過岩壁上被射殺的動物繪畫來戰勝內心的恐懼，並祈求自己能在真實生活中成功地獵殺動物。

拉斯科洞穴壁畫

年代：
約 1.5 萬～2 萬年前

發現地：
法國

洞穴長達 250 公尺，內有大量壁畫，以馬群主題最常見，多達 300 多處。

數量最多

卡斯蒂略洞穴壁畫

年代：
約 4.08 萬年前

發現地：
西班牙

類似用噴畫的方式畫出人的掌印，據推測可能是尼安德塔人所畫，但仍需要進一步佐證。

年代最古老！

阿爾塔米拉洞穴壁畫

年代：
約 1.35 萬～1.5 萬年前

發現地：
西班牙

最早被發現的史前壁畫。壁畫中有用紅色赭石和黑色線條繪製的多頭野牛。

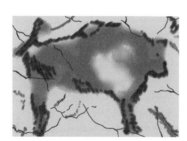

最早發現！

蕭維洞穴壁畫

年代：
約 3 萬～3.5 萬年前

發現地：
法國

繪畫技巧已十分純熟，畫中動物多為側面，且相互重疊在一起。

在卡斯蒂略洞穴發現之前，一直被認為最早！

第二篇

西元前 5500 年～西元前 30 年
埃及文明

| 目前所知最早出現太陽曆的文明。 | 擁有被譽為古代世界七大奇蹟的金字塔。 | 宗教觀念影響日後西方宗教發展。 |

興起於北非沙漠的古埃及，靠著尼羅河每年的定期氾濫發展農業科技，建立將近三千年的古文明。在這三千年間，在埃及法老的神權統治下，古埃及人發明出最早的太陽曆、象形文字，以及世界七大奇觀之一的金字塔，為人類在曆法、文字、建築上提供莫大貢獻。

數學中的幾何、數字均相當發達。

其通用的莎草紙是人類最早造的紙。

尼羅河畔的文明古國

1799 A.D.
拿破崙軍隊在羅塞塔發現寫有埃及文字之石碑,開啟埃及文字的研究。

黑　海

馬其頓

336 B.C.
亞歷山大即位為馬其頓國王。

愛琴海

雅典

敘利亞

332 B.C.
亞歷山大進占埃及,建亞歷山大城。

利比亞

地　中　海

2550 B.C.
第四王朝古夫王在吉薩建立埃及史上最大的金字塔。

亞歷山大

羅塞塔

吉薩

薩卡拉

孟斐斯

2650 B.C.
卓瑟王建造史上最早的金字塔。

尼羅河

埃及

3100 B.C.
上埃及國王孟尼斯統一上下埃及,定都孟斐斯。

底比斯

紅海

尼羅河每年的定期氾濫形成長達近三千年的埃及古文明，留下了諸多耀眼成就，如最早的太陽曆、象形文字，以及世界七大奇觀之一的金字塔建築……。

裡
海

底
格
里
斯
河
幼
發
拉
底
河

米提亞

巴比倫

波
斯
灣

波斯

525 B.C.
波斯擊敗埃及，建立第27 王朝。

*B.C. 表示西元前，A.D. 表示西元後。

◆文明的發展
創造影響後世的文明榮光

古埃及在孟尼斯統一埃及後，開創出影響後世甚鉅的埃及文明。但在歷經古王國、中王國和新王國三個時代的興衰後，仍難逃衰亡的命運。

孟尼斯國王統一上下埃及

早期埃及人定居尼羅河沿岸，形成許多獨立部落，各部落之間經歷長期的爭戰和吞併，逐漸形成南北兩大王國——上埃及（Upper Egypt）與下埃及（Lower Egypt）。上下埃及以孟斐斯為界，孟斐斯（Memphis）以南是上埃及，而孟斐斯以北則為下埃及。而自古以來，上下埃及即因自然環境不同，發展出各異的信仰與文化。上埃及位處尼羅河河谷，四周除了尼羅河切割而成的瀑布峭壁之外，就是廣大無邊的沙漠，因此崇尚白色，國王也穿戴白色的王冠，並以禿鷹女神奈賀貝特（Nekhbet）為保護神。而位於尼羅河三角洲的下埃及，則崇尚紅色，以眼鏡蛇女神瓦潔特（Wadjet）為保護神。

根據傳說，上下埃及經常發生戰爭。下埃及因屬尼羅河三角洲的沼澤地形，聯絡不便，導致各地區獨立發展，影響中央對地方的控制，整體國力不如上埃及強大。西元前三千一百年，上埃及國王孟尼斯（Menes）發動戰爭，擊敗下埃及，建立第一王朝，並將首都定於孟斐斯，孟斐斯的王冠結合紅白雙色，象徵他是統一上下埃及之王。

金字塔在古王國時大量出現

統一後的埃及，政治趨於穩定，文化和經濟也有全面性的發展。王國統治者以神的代理人自居，施行專制統治，以強大的王權建設大型金字塔，此為埃及的古王國時期。此時是埃及王國最富裕的時代，金字塔在此時期逐漸成形也最為盛行，因此又稱為「金字塔時代」。

古王國之後是重視經濟建設的中王國時代，在學術、文學與藝術上也有高度發展，有許多著名的故事、詩歌傳頌於世，如《能說善道農夫的故事》和《遭難水手的故事》。

中王國末期國勢逐漸衰落，埃及遭遇第一次外族入侵與統治。一百多年後，埃及人重新奪回政權，對內建立中央集權，對外擴張版圖至西亞，建立強大的軍事帝國，是為埃及的新王國時期，又稱帝國時代。新王國晚期，埃及內部腐敗和動亂問題加劇，加上外患入侵，國勢因此一蹶不振，西元前六世紀被波斯帝國所滅，自此埃及再也無法恢復以往的獨立狀態。波斯帝國之後，埃及又歷經亞歷山大的征服與托勒密的統治，進入希臘化時代，綿延兩千五百年的埃及文明從此逐漸被取代。

古埃及文明 Vs. 世界重要大事年表

	古埃及文明大事	世界大事

古埃及文明大事　　　　　　　**世界大事**

年代	時期	古埃及文明大事	世界大事
3000.B.C.	先王國時期	● 3100 B.C. 孟尼斯統一全埃及，建立第一王朝	● 3000 B.C. 蘇美人建立城市國家 ● 3000 B.C. 愛琴海克里特島文明出現
	古王國時期	● 2550 B.C. 第四王朝的古夫王興建埃及最大、最高的金字塔	● 2500 B.C. 印度哈拉帕文明出現 ● 2180 B.C. 中國夏朝開始
2000.B.C.	中王國時期	● 2040 B.C. 門圖霍特普法老再度統一埃及，開啟中王國時代 ● 1730 B.C.~1570 B.C. 西克索人統治埃及	● 1890 B.C. 巴比倫王國建立 ● 1751 B.C. 中國商朝開始
	新王國時期	● 1340 B.C. 阿蒙霍特普四世進行宗教改革	● 1400 B.C. 亞述帝國建立 ● 1200 B.C. 特洛伊戰爭 ● 1111 B.C. 中國周朝建立
1000.B.C.	末期王朝	● 945B.C. 利比亞人後裔希沙克王子即位 ● 525 B.C. 波斯入侵埃及，建立第27 王朝	● 900 B.C. 希臘城邦興起 ● 753 B.C. 羅馬建國 ● 539 B.C. 波斯統一西亞
	外族統治時代	● 332 B.C. 亞歷山大征服埃及，埃及進入希臘化時代 ● 305~30 B.C. 托勒密王朝時期 ● 51 B.C. 克麗歐佩脫拉七世即位 ● 30 B.C. 埃及成為羅馬屬地，托勒密王朝結束	● 508 B.C. 雅典建立民主政體 ● 500 B.C. 佛教創立 ● 221 B.C. 秦朝統一中國 ● 31 B.C. 屋大維擊敗安東尼
1.A.D.			

*B.C. 表示西元前，A.D. 表示西元後。

◆地理環境

埃及是尼羅河的贈禮

在荒蕪貧瘠的沙漠地帶，尼羅河的定期氾濫，彷彿是神賜予的奇蹟，為埃及人帶來綠洲及豐富的農業，進而在安定的生活中，發展出人類歷史上的高度文明。

定期氾濫帶來高度文明

希臘歷史學家希羅多德曾說：「埃及是尼羅河的贈禮」，用來形容埃及的得天獨厚。埃及境內多沙漠，一般來說，沙漠地區不適合植物生長，更遑論發展農業。然而埃及不但未因此缺乏糧食，反而在這片土地上發展出孤立而完整的古文明，一切都要歸功於尼羅河的灌溉。

尼羅河淵遠流長，是全世界最長的河流，其上游支流在蘇丹喀土穆交匯後進入埃及，穿過沙漠形成河谷，並在河谷兩旁形成綠洲，又在匯入地中海的出海口處沖積出扇狀三角洲。尼羅河為乾燥的埃及帶來沃土和水源，使埃及得以發展農業，綠洲及三角洲更是孕育出人類文明的關鍵。

有別於一般河流氾濫因難以控制而容易造成重大災情，尼羅河正是因其定期氾濫而為埃及帶來農業發展。原本埃及終年降雨量甚少，但因尼羅河上游每年夏初的雪水融化和降雨，使得尼羅河在每年六到九月間固定氾濫，直到十月至隔年二月河水才逐漸退去，二月到六月則進入無水乾旱期。如此規律的氾濫，使埃及人可提早防範洪水侵襲，又可依據氾濫週期安排農作。此外，河水退去後，也為埃及帶來大量淤積的「黑土」，「黑土」富含有機肥，十分肥沃，為埃及人帶來豐富農穫，因此埃及人多數在

尼羅河沿岸建築聚落，發展農業文明。為了精確得知河水氾濫的日期以及重新丈量土地的需求，刺激埃及人在曆法與科學的高度發展，至今仍影響現代社會。

天然屏障與豐富資源兼具

埃及北臨地中海，西是利比亞沙漠，東面則有紅海與阿拉伯沙漠遙望，南面有湍急的大瀑布阻隔，僅有東北與西奈半島相連接，在腓尼基人等海洋民族興起前是軍事防守要地。地形的孤立性讓埃及文明有相對穩定獨立的發展，無形中降低他國入侵的可能性，使埃及人在安定的生活塑造出穩定樂觀的個性。沙漠地形不僅形成一道軍事上天然屏障，也為埃及帶來豐富的天然資源，像是金、銅、石灰岩、花崗岩等。這些物產得以讓埃及與鄰國進行貿易往來，也為埃及帶來繁榮富庶的生活。

埃及的封閉地形也為埃及產生文化上的緩衝和過濾作用，使埃及能以漸進的方式吸收其他民族的文化。而因為沒有軍事上的威脅，不需建築大型堡壘抵禦外敵，使埃及人能以更多的心力去思考生死、來生之間的關聯，使精神文明出現進一步的發展，並創造出金字塔、廟宇和雕像等建築上的重大成就。

埃及的地理環境影響文明發展

尼羅河
由南而北貫穿埃及，埃及人發展河運，使得造船技術和運河貿易皆很發達。

地形的封閉性，為埃及帶來軍事及文化上的獨立及完整發展。

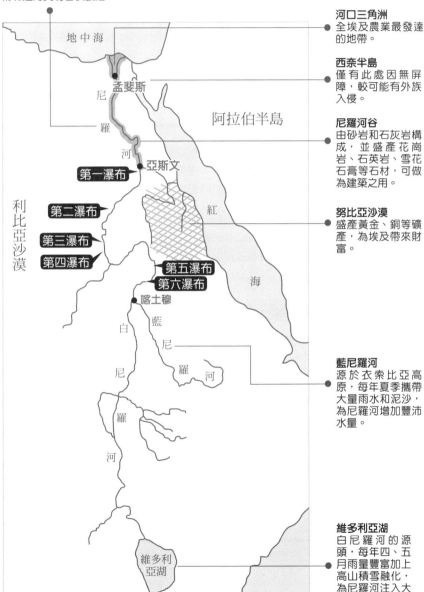

河口三角洲
全埃及農業最發達的地帶。

西奈半島
僅有此處因無屏障，較可能有外族入侵。

尼羅河谷
由砂岩和石灰岩構成，並盛產花崗岩、石英岩、雪花石膏等石材，可做為建築之用。

努比亞沙漠
盛產黃金、銅等礦產，為埃及帶來財富。

藍尼羅河
源於衣索比亞高原，每年夏季攜帶大量雨水和泥沙，為尼羅河增加豐沛水量。

維多利亞湖
白尼羅河的源頭，每年四、五月雨量豐富加上高山積雪融化，為尼羅河注入大量水源。

地中海

尼羅河

孟斐斯

阿拉伯半島

亞斯文

第一瀑布

利比亞沙漠

第二瀑布

第三瀑布

第四瀑布

第五瀑布

第六瀑布

喀土穆

紅海

藍尼羅河

白尼羅河

維多利亞湖

◆農業科學發展

河水氾濫產生最早的太陽曆

尼羅河氾濫使埃及人為善用每一分尼羅河河水與有機土壤，在科學及水利設施上發展出高度成就，因而糧食不虞匱乏，創造出更多高度發展的文明。

尼羅河促成科學發展

為確切掌握尼羅河氾濫的時間，以便事先做好準備，及精準運用尼羅河所帶來的肥沃土壤，埃及人細心觀察尼羅河的氾濫週期，並制訂出相關曆法。

經過長時間的觀察，埃及人發現，當太陽與天狼星同時從東方升起時，就意味著河水要開始上漲，且兩次氾濫相隔的時間大約是三百六十五天，因此埃及人便將三百六十五天定為一年，並以太陽和天狼星同時升起的日子當做每年的起始（相當於今陽曆的六、七月），一年則分為十二個月，每個月三十天，剩下的五天則當做節日，這就是最早的太陽曆。後來傳入歐洲，經過羅馬人不斷的修改，就成為我們現今所使用的陽曆。

尼羅河水退潮之後，大片的土地被黑色淤泥淹沒，這些土地必須加以丈量、重畫。埃及人為了精確的計算面積、體積，很早就專精於研究三角學和幾何學原理，對於各種幾何圖形面積、體積的計算十分精準，甚至已經知道分數和小數點的運用，運算程式亦相當繁複。除了丈量土地之外，埃及人也將精通的三角學和幾何學用於金字塔建築。

發達的農田水利設施

尼羅河的氾濫雖為埃及人帶來富庶的農業經濟，但也帶來不少災害。如當水位過高時沖毀房舍、淹沒財物；水位過低時，則使邊緣地區作物減少。

為了降低尼羅河的災害，及充分利用尼羅河的河水，埃及人陸續開發出各項先進的水利工程，如興建防洪工程，以防止災害的發生，以及興建溝渠，如「引水渠」等水利設施，引水灌溉農田。此外，也發明了可以翻動鬆土的犁耙，讓耕種更為容易。

此外，埃及國家及政治型態的形成也與尼羅河氾濫有關。舉凡大型建設都需要強而有力的國家來領導興建，因此上下埃及的統一實可反映出這樣的地理背景。原本埃及是由數個城邦所組成，經過一連串的兼併，上埃及的國王統一了全埃及，進入了古王國時代。埃及的國王也藉由尼羅河快速的掌握全國動態，使埃及確立了中央集權的政治結構。

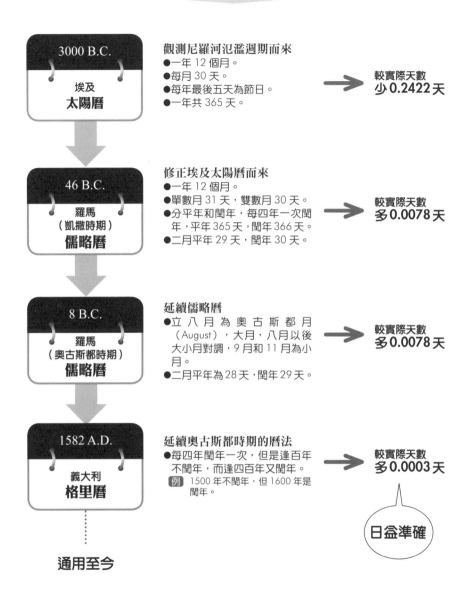

3000 B.C.

埃及
太陽曆

觀測尼羅河氾濫週期而來
- 一年 12 個月。
- 每月 30 天。
- 每年最後五天為節日。
- 一年共 365 天。

較實際天數
少 0.2422 天

---

46 B.C.

羅馬
（凱撒時期）
儒略曆

修正埃及太陽曆而來
- 一年 12 個月。
- 單數月 31 天，雙數月 30 天。
- 分平年和閏年，每四年一次閏年，平年 365 天，閏年 366 天。
- 二月平年 29 天，閏年 30 天。

較實際天數
多 0.0078 天

---

8 B.C.

羅馬
（奧古斯都時期）
儒略曆

延續儒略曆
- 立八月為奧古斯都月（August），大月，八月以後大小月對調，9 月和 11 月為小月。
- 二月平年為 28 天，閏年 29 天。

較實際天數
多 0.0078 天

1582 A.D.

義大利
格里曆

延續奧古斯都時期的曆法
- 每四年閏年一次，但是逢百年不閏年，而逢四百年又閏年。
- 例 1500 年不閏年，但 1600 年是閏年。

較實際天數
多 0.0003 天

日益準確

通用至今

◆信仰與政治
太陽神信仰與政治息息相關

對古埃及人而言，山川風水、日常生活都各有掌管的神祇，而以陰間之神與太陽神最為重要，這種宗教觀影響至政治，形成以法老為首的階級分明社會。

埃及神祇無處不在

古埃及人的宗教反映出早期宗教自然信仰、多神教的特色，他們相信眾神無所不在，並掌管世界萬物，如動物、自然現象，以及家庭、生產等生活相關事物，祂們有的與王權緊密結合，如荷魯斯（Horus）既是法老的守護神，也是王權象徵；有的代表宇宙秩序，如正義女神瑪特（Maat）代表真理和法律，可帶來和諧；有的則是自然力量的一部分，如水神或太陽神。埃及人也相信，宇宙是永恆的，人的生命也是永恆宇宙中的一部分，因此特別重視喪葬，以確保死後能得到永生，如製做木乃伊就是為死後的靈魂保留軀體。

古埃及人的宗教觀是經過長久時間發展而成，在埃及統一之前，各地有各自崇拜的神祇，如上埃及崇拜禿鷹女神，下埃及崇拜眼鏡蛇女神。直到埃及統一後，才出現全埃及人共同崇拜的主神。而在不同時期、不同地點，神祇的重要性也會出現變化。在埃及信仰中，重要的神祇包括創造世間萬物的太陽神拉（Ra）、空氣之神舒（Shu）、雨水女神泰芙努特（Tefnut）和母性之神伊西斯（Isis）等，而眾神之中，和世人關係最密切的是陰間之神奧賽利斯（Osiris），因為埃及人相信，人死後一定會到祂的面前接受審判。

法老是神在世上的代理人

宗教信仰深刻影響埃及各個層面，包括政治，埃及政治最大的特色，是神權統治和政教合一。人們相信國王是神的化身，死後則成為陰間之神奧賽利斯。根據神話傳說，奧賽利斯原本是國王，被其弟賽特（Set，黑暗之神）殺害，賽特將祂的屍體切成數塊，散落到四處。經過妻子伊西斯的努力才得以復活成陰間之神，負責世人死後的審判。他在世間的王位則由其子鷹神荷魯斯（Horus）繼承，古埃及人相信國王是荷魯斯的後裔，而代表荷魯斯的鷹就是王的象徵。

後來，埃及人崇拜的主神轉變為太陽神，國王自稱太陽神之子。不論是鷹神荷魯斯的後裔，或是太陽神之子，埃及國王都是具有神性的，也是神在世間的代理人，掌握最高權力，包括行政、軍事、司法和宗教等大權。法老底下是擁有特權的祭司與貴族，接著是以農工商所組成的平民階級，最下層則是奴隸和戰俘，形成層層分明的社會階級，宛若金字塔般的社會結構，法老則位於金字塔頂端，擁有至高無上的權力。

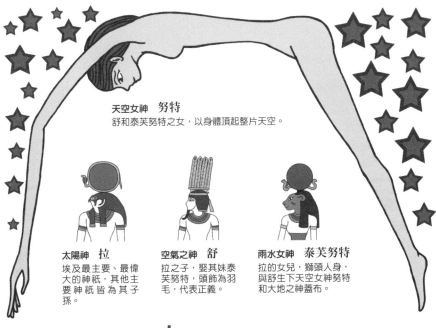

天空女神 努特
舒和泰芙努特之女,以身體頂起整片天空。

太陽神 拉
埃及最主要、最偉大的神祇,其他主要神祇皆為其子孫。

空氣之神 舒
拉之子,娶其妹泰芙努特,頭飾為羽毛,代表正義。

雨水女神 泰芙努特
拉的女兒,獅頭人身,與舒生下天空女神努特和大地之神蓋布。

陰間之神 奧賽利斯
原為埃及統治者,在被賽特害死後成為陰間主宰,因而象徵重生。

智慧女神 伊西斯
奧賽利斯之妻,在奧賽利斯被賽特害死時,極力幫助他復活。

邪惡之神 賽特
豺頭人身,原為拉的護衛,但在害死奧賽利斯後變成邪惡的象徵。

死亡女神 奈芙蒂斯
負責守護亡靈,因此頭戴裹屍布(也有一說是房子或籃子)。

大地之神 蓋布
舒和泰芙努特之子,身體呈現象徵生機的綠色,與努特生下奧賽利斯、伊西斯、賽特、奈芙蒂斯。

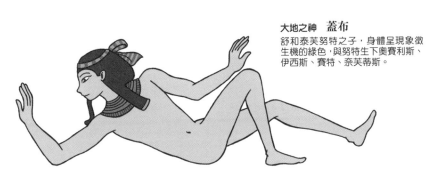

◆死後的世界
靈魂不死，將會到達永生的境界

古埃及人相信，死亡只是一個過程，通過死亡人可邁向永生，因此特別重視死後的世界，不但將死者製成木乃伊，並將其墓室打造為死者來世可享用的世界。

靈魂不死與死後審判

古埃及人認為，現世是短暫的，死後世界（來世）才是永恆的。人死後靈魂並不會隨著肉體滅亡，反而是肉體的死亡，為靈魂開啟了通往永生的大門。因為死後的靈魂將來到冥界，接受死亡審判，若在世的行為合乎公理、正義，則將能得到永生。

死亡審判由奧賽里斯（Osiris）主持，智慧之神托特（Thoth）記錄審判結果。首先死神阿努比斯（Anubis）會帶領死者進入審判廳，接著將記錄死者一生行為、思想和意識的心臟放在天秤一端，另一端則放置象徵正義女神瑪特（Maat）的羽毛。如果死者的心臟小於或等於瑪特羽毛的重量，表示此人在世行為符合公理，那麼死者將會被奧賽里斯賜予永生。相反地，如果死者在世作惡太多，心臟這一端就會比羽毛重而下沉，此時在一旁等候的怪獸阿米特（Amit）會立即吞食，此人也將無法得到永生。

佩戴通往冥界的護身符

古埃及人有佩戴護身符以抵抗危險、邪惡的習慣，他們相信，只要佩戴護身符，就能得到神的庇護，遠離災厄。因此，為了確保死者能夠平安到達冥界，埃及人會為死者佩戴葬禮用的護身符。

護身符多為彩釉陶器，顏色以象徵天空的藍色和代表植物的綠色為主，這兩者都具有「生命」的意涵。此外，擁有特殊外形的護身符

死者
死者被死亡之神阿努比斯帶到審判廳，準備接受審判。

阿努比斯
阿努比斯正把死者的心臟放在天秤上，另一邊則是正義女神瑪特的羽毛。

阿米特
若死者生前作惡多端，心臟就會比羽毛重，等在一旁的阿米特會立即吞食死者心臟，使死者無法獲得永生。

也具有特殊的意涵，如聖甲蟲即是。聖甲蟲是一種喜歡堆集動物的糞球，而後在糞球中產卵的甲蟲，古埃及人認為堆糞產卵過程具有誕生的意義，且聖甲蟲將糞便由東到西推行，路線與太陽運行（日出日落）的感覺相似，因而視其為太陽神的化身。古埃及人會將聖甲蟲造型的護身符放在死者心臟部位，守護死者順利通過「秤心」儀式。

古埃及的死後審判

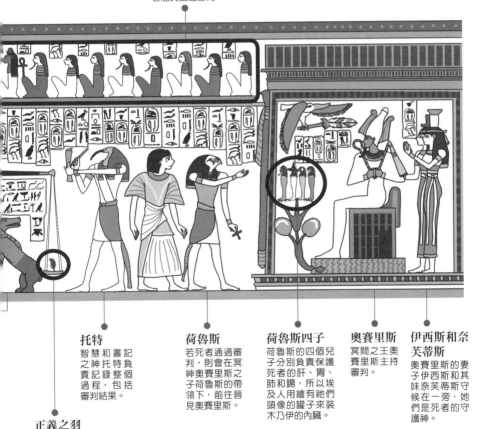

陪審眾神
可參與評斷死者是否能夠通過審判。

托特
智慧和書記之神托特負責記錄整個過程，包括審判結果。

荷魯斯
若死者通過審判，則會在冥神奧賽里斯之子荷魯斯的帶領下，前往晉見奧賽里斯。

荷魯斯四子
荷魯斯的四個兒子分別負責保護死者的肝、胃、肺和腸，所以埃及人用繪有祂們頭像的罐子來裝木乃伊的內臟。

奧賽里斯
冥間之王奧賽里斯主持審判。

伊西斯和奈芙蒂斯
奧賽里斯的妻子伊西斯和其妹奈芙蒂斯守候在一旁，她們是死者的守護神。

正義之羽

除了護身符外，在古埃及墓葬文化中，最常見的還有引領死者通往冥界的《死者之書》（又稱《亡靈書》、《死亡之書》）。《死者之書》通常寫在紙莎草上或刻於墓室牆壁上，內容多為死者如何面對死後審判、如何應答以獲得永生。除此之外，更寫著特地為死者所做的巫術咒語、禮儀箴言、各種神名，和頌讚神祇的詩歌，用來幫助亡靈通過試煉，獲得好的結果。

埃及人相信死後靈魂會再回來

古埃及人認為每個人都有兩個靈魂，一個是「卡」（Ka），一個是「拔」（Ba）。當人死後，「卡」會進入另一個世界，「拔」則繼續留在人間，白天離開肉體，晚上則會回來。而當死者通過審判獲得永生後，「卡」和「拔」會再次與肉體結合，成為永恆的生命體「阿赫」（Akh）。基於這個死後靈魂回歸肉體的觀念，屍體的保存便非常重要，因而產生製做「木乃伊」的習俗。

木乃伊的製做過程十分繁複，由專人製做木乃伊，做法依費用不同還有等級之分，最高級的木乃伊通常是國王和高級官員，會另外處理腦與心臟以外的內臟，次級和一般的木乃伊則不會特地取出內臟，而是灌杉油溶解內臟，或是用藥劑清洗腸子，再浸泡碳酸鈉溶液而成。保存至今的木乃伊，多是以最高級的做法製成。

為死者打造豪奢的來生樂園

古埃及人認為，現世是短暫的，來生的極樂世界才是永恆的，要想來生能過美好的生活，除了製做木乃伊保存屍體之外，堅固的陵墓和豐盛的陪葬品也是必要條件。因此，古埃及人對於墓室的建造十分謹慎重視。

墓室被視為是死者前往來生之處，與進入來生後的住所。在得到永生之前，靈魂「拔」仍會回到肉體享用食物。為了確保「拔」不因飢餓而再次死亡，無法獲得永生，墓室裡通常會放置各種食物、美酒。為了讓死者來世的生活衣食無虞，墓室裡也會備齊所有生活用品以及大量財物，與在世時無異。而貴族墓室中的壁畫、浮雕與裝飾，多繪有各種食物或是死者生前生活景象，也是希望來世的生活能如同在世一樣富裕。此外，浮雕中常刻有給死者的祈禱經文，壁畫中也常見古埃及人對來世的憧憬，或與葬禮、宗教神祇有關的主題。

古埃及人的永生觀，成為影響其生活的道德標準，也塑造出古埃及獨有的宗教和墓葬文化。而這樣一個永生信仰，不只滲透古埃及人的日常生活，更影響日後的基督教和伊斯蘭教。

木乃伊的製做流程

1 取出內臟
在身體左側開口，取出內臟清洗防腐後裝於容器內。因死後要進行秤心審判，心臟留在體內。

將肝、胃、肺、腸取出清洗防腐後裝在「卡諾匹克罈」（Canopic Jar）內。

2 取出腦髓
用金屬鉤子從鼻腔伸入腦部，打穿鼻腔，以轉動鉤子的方式把腦髓打碎，再取出腦髓。

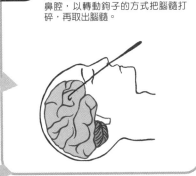

3 脫水
屍體縫合後，再以泡鹼覆蓋，去除身體水分。

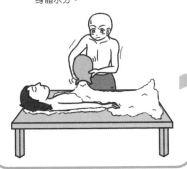

4 防腐處理
在體腔內填入大量香料，在皮膚表面則塗上香料、樹脂、油膏等。

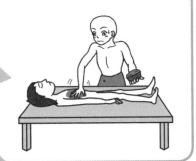

5 包裹屍體
以亞麻布捆裹，主祭者要一邊誦唸咒語，為死者祈禱。包裹時有時也會放入心型護身符，以護佑亡靈的心臟。

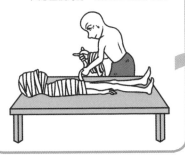

6 完成
包裹完成，最後在胸前放上護身符。

◆金字塔

永生的保證——金字塔

埃及人相信堅固的陵墓也是獲得永生的必要條件，因而產生具備龐大精密建築工程的金字塔，但因為金字塔只有國王和貴族能辦到，因此也可以說是權力象徵。

從長形墓室演變而來的金字塔

古埃及國王皆十分重視陵墓修築，希望能將陵墓做為復活後的居所。而古埃及歷史悠久，因此不同時期，所呈現出來的國王墓室形式也不同。

早期國王陵墓接近長方形，以泥磚建成，頂端為平坦台面。約西元前二六五○年時，極受人民愛戴的第三王朝卓瑟王（Zoser）為了能與太陽神更為接近，改造原本的長方形陵墓，將建材由泥磚改為石材，並從下往上逐層遞減，使其呈現階梯狀，象徵直達天國的階梯，此即人類歷史上的第一座金字塔，但仍呈現出過渡外形的階梯狀。直至第四王朝的國王斯奈夫魯（Sneferu）嘗試將階梯填平，形成一個完整的三角錐狀，使外觀看來更為平滑，因此亦有人稱這才是真正的金字塔。

大部分的金字塔依尼羅河西岸興建，象徵死後前往西方。在內部構造上，每座金字塔各有不同，其中以吉薩的古夫金字塔最複雜，分國王墓室、皇后墓室和地下墓室等，地下墓室推測為放置陪葬品之用。除此之外，金字塔四周通常還有祭祀國王的神廟，以及看守金字塔的祭司、官吏的住居，就連修築工人和負責生產糧食的農人也住在附近，因此實際上是以金字塔為中心，形成一個小型聚落。

耗盡國王資源的浩大工程

金字塔建築規模非常浩大，如世界上最大的金字塔——吉薩的古夫金字塔，是由二百三十萬個石塊構成，如此龐大的建築，可想而知必須動用大批人力、物力。不僅如此，古夫金字塔的每個石塊重達二千五百公斤，當時既沒有起重機，也不知滑輪的原理，要搬運如此厚重的石塊，除了大量人力的耗費外，還需要極其精密的組織力與分工，可推斷當時的國王必須掌握國家所有資源，包括財力、人力和物力，並擁有完全支配的權力，才能推動其產生。

為了避免金字塔傾倒，底部的水平尤其重要。埃及人在金字塔地基四周挖掘溝渠，灌水之後形成水平面，用來做為測量的基準。學者以現代機器測量古夫金字塔的水平時，發現東南角與西北角誤差不到一點五公分，其建築程度之精密，令人讚嘆。

埃及的重要金字塔分布

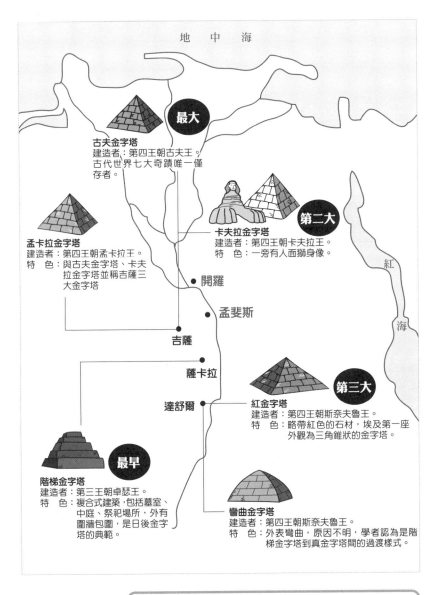

地 中 海

最大

古夫金字塔
建造者：第四王朝古夫王。
古代世界七大奇蹟唯一僅
存者。

第二大

卡夫拉金字塔
建造者：第四王朝卡夫拉王。
特　色：一旁有人面獅身像。

孟卡拉金字塔
建造者：第四王朝孟卡拉王。
特　色：與古夫金字塔、卡夫
　　　　拉金字塔並稱吉薩三
　　　　大金字塔

● 開羅

● 孟斐斯

吉薩 ●

薩卡拉 ●

第三大

紅金字塔
建造者：第四王朝斯奈夫魯王。
特　色：略帶紅色的石材，埃及第一座
　　　　外觀為三角錐狀的金字塔。

達舒爾 ●

紅 海

最早

階梯金字塔
建造者：第三王朝卓瑟王。
特　色：複合式建築，包括墓室、
　　　　中庭、祭祀場所，外有
　　　　圍牆包圍，是日後金字
　　　　塔的典範。

彎曲金字塔
建造者：第四王朝斯奈夫魯王。
特　色：外表彎曲，原因不明，學者認為是階
　　　　梯金字塔到真金字塔間的過渡樣式。

埃及金字塔多分布於尼羅河西岸。較大的金字塔都在第三、四
王朝所建，第五王朝後因國勢衰落，金字塔比以往小許多。

◆埃及文字

破解失傳一千多年的文字

文字的發明，將古埃及王朝的政治、宗教、社會等各個生活層面給記錄下來，成為後人瞭解古埃及文明的重要史料，並在當時產生非常成熟的古埃及文學。

如圖畫般的象形文字

古埃及文字大約於西元前三千五百年左右開始發展，是一種近似圖畫的象形文字，因大多書寫於紀念碑、神廟、墓穴牆壁或石塊上，又可稱為「聖書體」。

埃及文字最早為象形符號，即以描繪物體的樣貌來代表該件事物，如形似「鳥」的符號即是代表「鳥」。之後才發展出有些文字符號除了有特定意義之外，還有特定發音，如的符號除可以代表貓頭鷹，也可以代表「M」這個音；有些相同組合的字母還會加上表達前面文字屬性的「限定符號」，以區別不同意思，例如的後方加上一對男女（限定符號）時，代表前一個字是鄰居，若是加上一個啤酒罐，則代表前面的字詞是液量。

埃及文字在埃及受到其他政權統治後日漸式微，西元四世紀時埃及廟宇被拜占庭皇帝強制拆毀，以及埃及日後成為伊斯蘭教世界，更是讓埃及文字和語言被遺忘與湮沒。直到一七九九年，拿破崙軍隊占領埃及，在尼羅河三角洲的港口羅塞塔發現由黑色大理石製成的「羅塞塔石碑」，石碑上有除有埃及文字之外，還有古希臘文（希臘化時代流行於地中海的文字，古埃及晚期為了讓往來的異國人士也能看懂頒布的法令，因此常書寫兩種以上的文字），這個發現使古埃及文字的破解露出一絲曙光，法國學者商博良（Champollion）即是憑著這兩種文字的對照解讀方法成功破解古埃及文，並在一八二二年公布其研究成果，至此長達數千年的古文字之謎終於被解開。

豐富成熟的文學作品

西元前二千年，時值埃及中王國時代，埃及文字的發展已十分成熟，出現許多修辭非常優美的文學作品，可說是文學發展的鼎盛時期。

埃及流傳下來的文學作品包括書信、箴言、詩歌、祭文、頌歌、故事傳說等，體裁豐富多元，內容多采多姿。以詩歌為例，有抒發男女情感的情詩、反映社會百姓生活的民間歌謠，以及讚美神和國王的讚美詩，《尼羅河頌》是讚美詩的重要代表。

另外一個著名的作品是《能言善道農夫的故事》，說的是一個農夫被官員搶奪糧食後，靠著自己的口才，向法老申訴，最後成功取回自己的財產的故事。故事反映出埃及人相信社會公義的特色，而平民百姓與國王的爭辯，則顯露出古王國時期所沒有的新民主精神。

看懂古埃及文

古埃及文字最早為形似該事物的符號，用來表意。

例如

蘆葦葉　　　眼鏡蛇　　　貓頭鷹　　　獅子　　　　籃子

後來用做表音，一個文字代表某一個特定發音。

例如

　E　　　　　J　　　　　M　　　　　L　　　　　K

某一組發音相同的字，可能代表兩個截然不同的意義。

例如

液量

鄰居

傳達的意思
容易混淆

在易混淆的字後面加上限定符號，以區別意思。

例如

 ＋ ⇨ 液量

 ＋ ⇨ 鄰居

◆埃及滅亡

古文明的衰落

隨著鄰近各民族勢力的興起，古埃及王國再也無法保持獨立政權，先後被波斯帝國、亞歷山大帝國和托勒密王朝所統治，最後更被後來居上的羅馬收為版圖。

失去政治獨立性

新王國末期，利比亞和周圍海洋民族不斷攻擊埃及，使埃及統治區域縮小，接著國內又發生罷工、盜墓等問題，導致王權衰落，相較之下，大祭司的勢力卻因搜刮大量財富和土地而逐漸膨脹，內政腐敗和分裂加速王國的衰弱，三角洲地區在大祭司統治下已成半獨立狀態，使古埃及進入混亂的第三中間期。與此同時，外族勢力逐漸滲入三角洲，除了有利比亞的後裔在三角洲地區獨立稱王之外，南方的庫什王國（Kush）也逐漸北移。而美索不達米亞地區新興的亞述帝國更是積極入侵埃及，埃及雖曾短暫阻擋亞述的入侵，但國力已大不如前。

埃及王朝末年經常受到亞述攻擊，雖然第二十六王朝因亞述勢力的衰微而重獲獨立，並短暫出現藝術復興的局面，然而這已是埃及王朝所展現出來的最後輝煌，此後埃及再度面對巴比倫人和波斯帝國的進攻，便已無法回復過去的榮光，甚至淪為波斯的屬地。西元前五二五年，波斯王岡比西斯二世（Cambyses II）擊潰埃及軍隊，埃及國王普薩美提克三世（Psammetique III）被迫退位，波斯王建立第二十七王朝。雖然埃及曾有幾次擊退波斯的侵略，但始終無法完全脫離波斯勢力。當亞歷山大大帝征服波斯、進占埃及時，埃及人視他為解救者，對他沒有任何防備，殊不知亞歷山大的入侵，將造成埃及本土王朝的徹底結束。

亞歷山大遠征埃及

亞歷山大大帝原是古希臘西北部馬其頓王國的統治者，本身即具有過人的軍事長才，僅用十年左右的時間就統一希臘、征服波斯帝國，又進占小亞細亞、亞述、印度、埃及、巴爾幹半島等地區，建立一個橫跨歐、亞、非三洲的大帝國。

西元前三三四年開始，亞歷山大率領馬其頓大軍入侵波斯帝國，與波斯軍隊進行激戰，馬其頓軍隊大勝，占領小亞細亞、敘利亞等地。西元前三三二年，亞歷山大大帝進攻埃及，幾乎未遭遇任何阻擋，便順利占領埃及。

亞歷山大大帝在埃及停留的時間雖然短暫，卻在埃及尼羅河三角洲地區建立一座留存至今的港口城市，並以自己的名字為此座城市命名，即亞歷山卓城。由於亞歷山大對於征服各地均採包容政策，並有計畫地將希臘文化傳入埃及，使得埃及逐漸與希臘文化交流、融合。

亞歷山大征服埃及

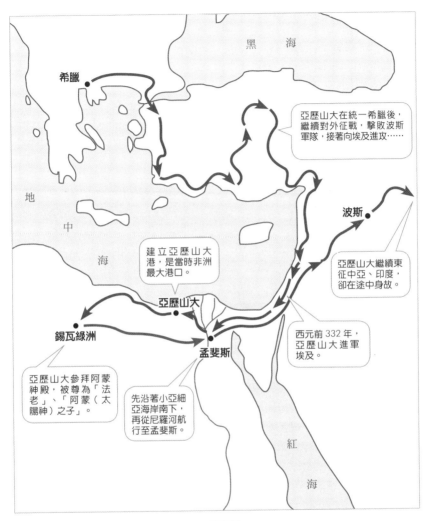

黑海

希臘

亞歷山大在統一希臘後，繼續對外征戰，擊敗波斯軍隊，接著向埃及進攻……

地中海

波斯

亞歷山大繼續東征中亞、印度，卻在途中身故。

建立亞歷山大港，是當時非洲最大港口。

亞歷山大

西元前 332 年，亞歷山大進軍埃及。

錫瓦綠洲

孟斐斯

亞歷山大參拜阿蒙神殿，被尊為「法老」、「阿蒙（太陽神）之子」。

先沿著小亞細亞海岸南下，再從尼羅河航行至孟斐斯。

紅海

影響

●在埃及建立希臘人政權
亞歷山大死後，埃及由其大臣出身的托勒密一世統治，埃及進入希臘人統治時代。

●使埃及進入希臘化時代
雖然仍保有埃及自身文化，但希臘文明卻也開始影響埃及，如希臘文。

●出現與亞歷山大有關的地名
西亞、中亞等部分征服地區以亞歷山大為地名，最負盛名者為埃及的亞歷山大港。

一度受到希臘人的統治

亞歷山大雄才大略，卻英年早逝，死後領土被部下瓜分，埃及由亞歷山大麾下將軍托勒密所建的托勒密王朝所統治。此時希臘文化隨著亞歷山大部將在各地的統治迅速地傳播，各地文化逐漸趨於希臘化，至羅馬時代來臨前，希臘化文化已影響整個埃及、西亞和中亞地區，歷史便將此一時期稱為「希臘化時代」。

托勒密王朝統治埃及兩百多年，對埃及同樣採取尊重寬容的態度，除了信仰埃及宗教、自稱法老外，也遵循許多埃及傳統習俗和制度。重視文化研究發展的托勒密一世，更在亞歷山卓城建立皇家博物館，博物館內有圖書館和研究室，是國家級也是國際級的學術研究機構。圖書館有各地語文的藏書，總藏書量至少有五十萬卷，涵蓋文學、哲學、歷史、科學、醫學、天文學、藝術等各領域，可說是當時世界最大的圖書館，也是希臘化世界最重要的學術、文化中心，吸引各地學者慕名前來研究。托勒密王朝統治時期，埃及的科學、知識各方面皆有蓬勃發展，以數學為例，歐幾里德的《幾何原本》便是當時的重要成就，《幾何原本》包含完整的幾何學系統，以及代數學和各種數論的討論，也提出許多基本定理，為數學發展奠定重要基礎，直至今日仍被當做教科書使用。

羅馬征服

托勒密王朝發展至晚期，政局不穩，曾一度獲得羅馬的協助穩定政局，卻導致羅馬勢力逐漸影響托勒密王國的政權。托勒密王朝末代君主克麗歐佩脫拉七世（Cleopatra，俗稱「埃及豔后」）與其弟托勒密十三世依古埃及傳統結婚並共同治理埃及，埃及豔后本想獨攬大權，卻因行動失敗而遭到驅逐。

埃及豔后為奪回勢力，與取得羅馬政權的凱撒結盟，兩人並生下一子。但在埃及豔后重返埃及王位後不久，凱撒即被刺而死。隨後凱撒養子屋大維與凱撒的部屬，也是羅馬軍事家的安東尼爭奪羅馬政權，埃及豔后再次以愛情取得安東尼在軍事上的合作，雙方組成聯軍共同對抗屋大維的侵略，然而聯軍卻不敵屋大維的軍隊。戰敗後安東尼和埃及豔后相繼自殺，托勒密王朝也被羅馬併吞，埃及成為羅馬的一省，自此埃及的希臘化時代正式宣告結束。

埃及托勒密王國滅亡過程

西元前 332 年
亞歷山大征服埃及

馬其頓國王亞歷山大在征服地中海東岸後，轉攻埃及，埃及成為亞歷山大帝國領土之一。

西元前 323 年
繼業者展開戰爭

亞歷山大去世，部屬展開一連串爭奪戰，將其大帝國瓜分成三大部分。

西元前 305 年
建立托勒密王朝

亞歷山大部將之一的托勒密一世宣布自己是埃及國王。從此托勒密家族成為埃及統治者。

西元前 44 年
凱撒遭刺身亡

凱撒在羅馬被刺身亡後，凱撒養子屋大維與部屬安東尼兩人起而爭權。

西元前 48 年
凱撒擊敗埃及

凱撒追擊政敵龐培到埃及，並擊敗埃及托勒密十三世軍隊，讓克麗歐佩脫拉登上王位。

西元前 51 年
埃及豔后執政

埃及末代女王克麗歐佩脫拉即位，與其弟托勒密十三世共同執政。

西元前 44 年
凱撒之子繼位

凱撒與克麗歐佩脫拉之子即位，即托勒密十五世，與克麗歐佩脫拉共同執政。

西元前 41 年
與安東尼結盟

安東尼會見克麗歐佩脫拉，兩者結盟，共同對抗屋大維。

西元前 33 年
屋大維先發制人

屋大維反向克麗歐佩脫拉七世宣戰，雙方陣營在希臘海域的亞克興角進行決戰。

西元前 30 年
托勒密王朝滅亡

安東尼與克麗歐佩脫拉相繼自殺，托勒密十五世也被屋大維殺害，托勒密王國滅亡，埃及結束法老統治，成為羅馬的行省。

西元前 31 年
埃及豔后戰敗

亞克興角一戰，安東尼與克麗歐佩脫拉聯軍戰敗。

第三篇

西元前6000年～西元前539年

兩河流域文明

蘇美文明擁有全世界最早的城市。

亞述帝國時期即有世界最早的圖書館。

巴比倫國王漢摩拉比公布史上最早的成文法典。

氣候乾燥、土壤貧瘠的西亞，因有幼發拉底河和底格里斯河的沖積而孕育出長達三千年的兩河流域文明。由於水源充足、農業發達，加上四周無天然屏障，使得兩河流域成為南方閃族和北方印歐民族的必爭之地。眾民族在兩河流域相遇，激盪出燦爛的火花，並發展出最早的文字、法典、城市等文化，對日後的西方文化產生深遠的影響。

蘇美文明使用世界最早的文字——楔形文字。

西台是全世界最早使用鐵器的國家。

新巴比倫王國有七大古代建築奇觀之一的空中花園。

在民族爭戰
中創建的文
明奇蹟

1200 B.C.
亞拉米人定都於
大馬士革,是最
古老都市之一。

1299 B.C.
● 與埃及爆發
卡迭什之
役。
● 最早擁有冶
鐵技術。

西台

黑　海

創造出影響世
界深遠的字母
系統。

腓尼基

肥

地　中　海

創造出全世界
最早的一神
教。

希伯來

亞拉米

埃及

紅

海

幼發拉底河和底格里斯河的沖積，孕育出古老的兩河流域文明。由於水源充足、農業發達，加上四周無天然屏障，眾民族在兩河流域相遇，激盪出燦爛的火花，發展出最早的文字、法典、城市等，對日後的西方文化產生深遠的影響。

652 B.C.
亞述征服埃及，建立史上最早跨亞、非兩洲帝國。
668 ～ 626 B.C.
亞述巴尼拔王建立最早的圖書館。

2370 B.C.
阿卡德建立最早統一兩河流域的政權。

裡海

底格里斯河

幼發拉底河

沃

亞述

月

阿卡德

巴比倫

加爾底亞

蘇美

彎

600 B.C.
新巴比倫國王建造古代七大建築奇蹟之一的空中花園。

波斯

波斯灣

約 3000 B.C.
發明史上最早的文字——楔形文字。
4000 B.C.
開始形成史上最早的城市文明。

*B.C. 表示西元前，A.D. 表示西元後。

◆地理環境

高度文明的動力來自於爭奪水源

「兩河流域」是乾燥少雨的西亞唯一的水源區，自古即引起各方民族爭奪，但它同時也是孕育高度文明的搖籃，如蘇美、巴比倫、亞述等皆在此而生。

兩條大河孕育出古老文明

　　「兩河流域」指的是西亞的幼發拉底河和底格里斯河所沖積出來的平原，東起伊朗高原，中間經過阿拉伯半島北部，西達地中海東南部的巴勒斯坦地區，南至波斯灣，因狀如一輪新月而別稱「肥沃月彎」，「美索不達米亞」則是希臘人賦予她的名字，意思是「兩河之間」。

　　西亞地形崎嶇起伏，境內多高山高原地形，有阿拉伯、伊朗和安納托利亞高原；氣候乾燥少雨，南部形成廣大的阿拉伯沙漠。在這樣一個氣候、地形均不利於人類居住的地區，卻因為「肥沃月彎」的出現，為西亞地區帶來生機和文明，造就出史上最古老的城市文明。西元前三千多年，蘇美人在鄰近波斯灣的兩河流域河口發展農業，建立城鎮，並發明楔形文字，開啟了人類文明的曙光。

地形造就政局交替頻繁

　　兩河流域因擁有西亞唯一的水源而成為農業發達、人口聚集地，再加上地形平坦遼闊、四周無天然屏障，容易導致民族間的競相爭奪，因此兩河流域時常上演各民族在此交互興替與稱霸的故事。如原本居住在阿拉伯半島沙漠地帶、逐水草而居的游牧民族——閃族，不時對兩河流域虎視眈眈；此外，兩河流域北邊山區的印歐民族也頻頻來犯。

　　西元前二三五〇年，閃族征服蘇美人，進占兩河流域，建立阿卡德王朝。此後三千年間，各民族在激烈的競爭下建立許多強大的王國，統治區域也不斷擴張，如極盛時期的亞述帝國不但統治整個兩河流域，版圖甚至遠至埃及孟斐斯一帶。除亞述之外，兩河流域還有其他高度文明，如蘇美、巴比倫和加爾底亞等，可說是文明的搖籃。

　　隨著西元前五五九至五四七年波斯帝國興起，文化極度興盛的兩河流域，榮光卻逐漸消退。西元前五三九年，波斯帝國征服新巴比倫王國，結束兩河流域政治上的獨立地位。僅管王國滅亡，但兩河流域所創造出來的文明，卻對後來的人類有極重大的貢獻。

兩河流域文明 Vs. 世界重要大事年表

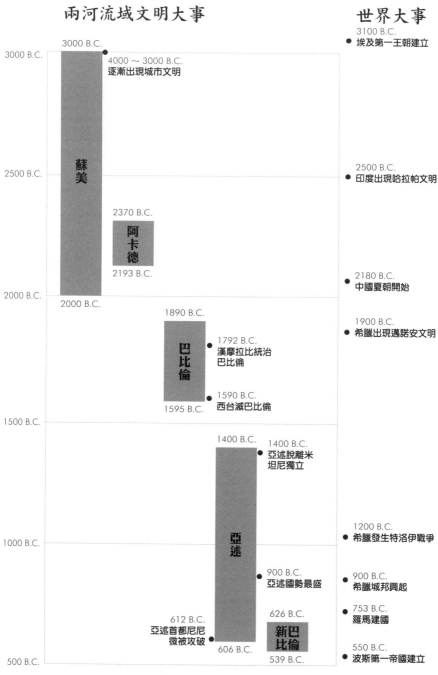

兩河流域文明大事

世界大事

3000 B.C.

3000 B.C.
4000 ～ 3000 B.C.
逐漸出現城市文明

蘇美

2370 B.C.
阿卡德
2193 B.C.

2500 B.C.

2000 B.C.
2000 B.C.

1890 B.C.
巴比倫
1595 B.C.

1792 B.C.
漢摩拉比統治巴比倫

1590 B.C.
西台滅巴比倫

1500 B.C.

1400 B.C.
亞述

1400 B.C.
亞述脫離米坦尼獨立

1000 B.C.

900 B.C.
亞述國勢最盛

612 B.C.
亞述首都尼尼微被攻破
606 B.C.

626 B.C.
新巴比倫
539 B.C.

500 B.C.

3100 B.C.
埃及第一王朝建立

2500 B.C.
印度出現哈拉帕文明

2180 B.C.
中國夏朝開始

1900 B.C.
希臘出現邁諾安文明

1200 B.C.
希臘發生特洛伊戰爭

900 B.C.
希臘城邦興起

753 B.C.
羅馬建國

550 B.C.
波斯第一帝國建立

67

*B.C. 表示西元前，A.D. 表示西元後。

西元前 4000 年～西元前 2000 年◆蘇美人

建立人類最古老的城市文明

蘇美人建立人類史上最古老的城市文明，有神廟等大型建築，並出現統治階級，更有人類史上最早的文字和法典。

大型建設提高文化程度

距今八千到一萬年前，兩河流域上游丘陵地區除了有畜牧活動外，也有小麥、大麥的種植，顯示這裡已逐漸發展成人類聚落。考古學家不僅發現原始農村聚落、農具、陶器，更發現西元前六千年的灌溉溝渠，證實此時的兩河流域已出現灌溉農業，除此之外，也有神殿和祭祀中心等宗教建築的出土。

西元前六千年至七千年：農業發展到兩河流域下游地區。為了有效利用下游低窪的沼澤地形，人們發展出良好的排水系統和大規模的灌溉工程，不但使農業收穫量大幅提升，也使文化程度逐漸超越北部。約莫西元前四千年至三千年，因人口不斷增加、聚落規模擴大，在蘇美（美索不達米亞南部）出現以神殿為中心的城鎮和都市，這是人類史上最古老的城市文明。除此之外，因大型的工程、建築往往需要強而有力的組織指揮，以及龐大的資金支撐，因而促成聚落之間的聯盟產生，並出現領導人和統治階級。早期蘇美地區並未建立統一的政權，而是各自獨立的城邦，包括烏爾（Ur）、烏魯克（Uruk）、烏瑪（Ummah）、基什（Kish）等。每個城邦以神殿為核心，有各自崇拜的神祇、最高祭司和統治者。

烏爾納姆法典是最老法典

城邦之間因爭奪水權、貿易點等不斷發生衝突，使得早期蘇美地區戰爭頻繁，未能建立團結統一的國家。雖曾一度短暫統一，但很快又告解散。

西元前二三七○年，閃族人建立阿卡德王朝，結束蘇美人各自為政的城邦時代，並征服整個美索不達米亞、敘利亞北部的一部分和東邊的埃蘭，是第一個在政治和軍事上統一兩河流域地區的政權。

阿卡德王朝在內亂及外族庫提人入侵中結束，庫提人隨後又被烏魯克國王驅逐，接著烏爾城的統治者——烏爾納姆（Ur-Namma）接替烏魯克國王，重新統一兩河流域，再度建立烏爾王朝，被稱為「蘇美和阿卡德之王」。烏爾納姆為彰顯自己的政權，在各地興建大型神廟，這種建築主要結構為多層的矩形或正方形平台，由下往上面積逐層遞減，猶如頂部平坦的金字塔，又稱金字形神廟。烏爾納姆並重建宮殿和公共建設，更大興土木開鑿運河、修築道路等。除此之外，也制定法典，明文規定公正的度量衡尺度，此即「烏爾納姆法典」，是現存最早的成文法典。

底格里斯河

幼發拉底河

● 巴比倫　● 基什
早期非常強盛，
後來許多蘇美王
自稱「基什之
王」。

● 尼普爾
蘇美眾神之首恩
利爾的聖地，是
蘇美人最重要的
宗教中心。

一度強盛，曾滅拉
格什、烏魯克，但
被非同族的阿卡德
人所滅。

● 烏瑪

● 拉格什
地位本不重要，但
因出土資料豐富，
而成為後人最了解
的蘇美城邦。

● 烏魯克
有最古的文
字──楔形文
字出土。

埃利都 ●
水神和文化之神恩
基的聖地，是美索
不達米亞南部最古
老的城市，也是蘇
美最南端的城邦。

● 烏爾
擁有史上第一部
法典《烏爾納姆
法典》，後來被
伊朗的外族埃蘭
人和敘利亞的阿
摩利人所滅。

◆文字發明

蘇美人創建史上最早的文字

世界上最古老的文字是蘇美人所發明、書寫於泥板上的楔形文字。楔形文字曾流行於兩河流域，長達三千年，直到腓尼基文字出現，才開始被取代。

寫在泥板上的文字

隨著文明與經濟的發展，訊息的記錄與傳達變得日趨重要，文字就在這樣的需求中誕生。目前已知最早的文字是在蘇美城邦之一的烏魯克發現，刻畫於泥土或黏土板上，距今已五千多年，稱為「楔形文字」。楔形文字最早是以圖畫為主的象形符號，例如畫一隻腳代表腳或行走；畫一個牛頭代表牛隻。此外也有複合符號，用來表達較為複雜的事物，如畫一個「牛頭」加上「水」，代表喝、飲用。最初蘇美人將文字用在商業記錄上，記錄貿易貨物的品項、數量或帳目等。之後才將這些文字用來記錄其他日常生活事務，至今所出土的泥板有私人信件、收據、契約，還有公家機關的文書、建造與戰爭的資料等，種類繁多。

當需要記錄的訊息愈來愈複雜時，為方便書寫，文字也變得愈來愈抽象化，因而出現今日所知的「楔形文字」。當時的文字書寫方式是用「壓」的，先將蘆葦桿的頭削尖，再將蘆葦桿壓入軟泥板，一筆畫一筆地壓印出要寫的字，因而多形成前端呈三角形，彷彿由一根根長短不一的楔子（上寬下尖，由斜面組成的三角形工具，常用於斧頭和釘子）所組合而成的字，因而叫楔形文字。接著再將刻畫好文字的軟泥板曬乾，放入爐火中燒製，如此就變成堅硬不易毀壞、可長時間保存的陶板。

通用於兩河流域

「楔形文字」原是一種表意文字，之後演變成表音文字，可用文字來讀出它的音，不同民族也曾透過此符號來書寫自己的語言發音，如阿卡德王朝也曾用蘇美的楔形文字書寫阿卡德語。然而蘇美人僅發明音節符號，卻未像腓尼基人一樣創造出可拼寫成文字的字母。

楔形文字向西亞和西南亞傳播，兩河流域其他民族也曾採用。除阿卡德王朝沿用它來書寫自己的語言，並以其為基礎，建立更完整的楔形文字和語言系統之外，巴比倫和亞述人亦分別承繼這項文字系統，使其大為普及，並各別發展出文學。從亞述帝國的尼尼微城圖書館收藏兩萬多塊泥板圖書來看，可知當時楔形文字的普及和知識普及的程度。隨著波斯帝國征服兩河流域，楔形文字也逐漸被取代；而在地中海東岸的腓尼基人創造出字母系統之後，楔形文字更是走向消失。腓尼基人原本也使用楔形文字，但為了提高書寫效率，在參考原始的迦南（今以色列）字母和埃及字母後，發展出自己的字母系統，成為西方諸多字母系統的發源基礎，如希臘字母、拉丁字母等等。

楔形文字的演變

3200 B.C. 象形文字階段	3000 ～ 2800 B.C. 象形文字階段	2600 ～ 2400 B.C. 過渡階段	1000 B.C. 楔形文字階段
早期以模擬實物為主。書寫方向由上至下。	書寫方向改成由左至右，字形也轉成橫臥，以便於迅速書寫。	象形文字逐漸簡化，開始出現楔形筆畫。	全由楔形筆畫組合，完全發展成楔形文字。

頭

足
行走

手

大麥
穀物

麵包

水

太陽

鳥

西元前 2000 年～西元前 1595 年◆古巴比倫王國

制定充滿報復精神的法典

知名的巴比倫國王漢摩拉比最主要的貢獻是制定法典，整合各民族傳統習慣、律法的
《漢摩拉比法典》，其平等正義的精神成為後世法律的典範。

漢摩拉比將巴比倫帶往盛世

西元前二千年左右，分布在今敘利亞的阿摩利人和在今伊朗西南部的埃蘭人擊敗蘇美人在兩河流域出海口所建的烏爾王朝。爾後，阿摩利人定都於巴比倫城，建立巴比倫王國。

王國建立之初，勢力尚未穩定，在兩河流域其他地區尚有許多城邦，各城邦之間相互爭奪勢力，東部有埃蘭、北部有埃什南納、南部有拉爾薩、西北有馬里等，更北部還有一直在虎視眈眈的亞述。直到漢摩拉比即位，對內處理水患、修整曆法，開鑿運河、修建地方建設等；對外趁早期亞述國勢衰弱，開始征服鄰近國家、大力擴張領土，使勢力到達今土耳其一帶。

以牙還牙，以眼還眼

軍事的統合促使商業貿易發達，締造出輝煌盛世，巴比倫城更是成為兩河流域的權力中心。為加強經濟貿易的交流，以避免糾紛、衝突，漢摩拉比整合各地的商業規範和社會習慣、律法，制定統一通用的法律，此即《漢摩拉比法典》。漢摩拉比強調制定法律的目的在於伸張正義、消滅罪人和惡人，讓強者不能欺壓弱者，因此法典中最重要的精神是「正義」與「公平」。而應用到刑罰中，就變成報復主義，主張受害者的損失與賠償者的處罰應相等，也就是「以牙還牙、以眼還眼」。如有人傷了他人的眼睛，則自己眼睛也需損毀；傷了他人手腳，自己的手腳也必須折損。在財產上的賠償也是如此，建築房子者為他人蓋房子，因工程不善導致房子倒塌，壓死屋主，則建築者必須以死償命；若房子倒塌，壓死屋主的兒子，則建造房子者也必須以兒子抵命，並賠償屋主的財產損失，及重新蓋好房子。如此嚴謹殘酷的法律，雖造成許多死傷，但也端正和穩定社會秩序。不過這不代表巴比倫是一個平等的社會，「以牙還牙、以眼還眼」的法律觀念多適用於貴族之間，法律條文仍有階級差異，對於平民和奴隸的規定與貴族也有所不同。

閃族與含族

中東地區的民族大約可分為閃族與含族。閃族說閃語，活躍於阿拉伯半島和敘利亞，如阿卡德人、巴比倫人、腓尼基人、亞述人、加爾底亞人、希伯來人和亞拉米人等皆是。今天居住在西亞、北非的人們多是阿拉伯化的古閃米人後裔。而含族居住在非洲東北部，說含語，是非洲人的祖先。

漢摩拉比法典的特徵

漢摩拉比國王
向太陽神致敬。

太陽神沙瑪石
- 象徵法典的正義精神。
- 授予漢摩拉比主持國家、正義的權力。

- 若是一個自由民（貴族）弄瞎另一個自由民（貴族）的眼睛，則他也應該被弄瞎眼睛。

 報復主義

- 若自由民毀平民之眼、斷平民之骨，則應賠銀一明納（貨幣單位）。
- 若自由民毀奴隸之眼，斷奴隸之骨，則應賠償其買價的一半。

 階級差異

- 若兒子毆打父親，則應該要砍斷其手指。
- 若兒子對父親犯有重大罪行，初犯可寬宥，再犯父親可剝奪其繼承權。

 倫理精神

- 商人將貨物交給行商出售，則行商應結算銀價交付給商人。
- 行商對交付之銀價，應收取蓋章文件。

 商業保障

- 若是在謀殺案開庭審理時做偽證，則處以死刑。
- 若法官在遞交書面裁決後又做更改，就要處鉅額罰款，且不能再擔任法官。

 司法正義

- 若沒有抓到搶劫犯，則被害人所屬的城市應賠償其損失。
- 若自由民家發生火災，前來滅火的自由民反洗劫他家，則那人應該要被判死刑並丟入火場裡。

 社會秩序

西方通用字母在貿易中逐漸誕生

除了蘇美、巴比倫文明，在小亞細亞和地中海沿岸也有些許民族建立城邦國家，進行來往通商，而在貿易過程中所產生的文明，亦在人類歷史發展上扮演重大角色。

西台人應用鐵器做戰

約在西元前二千年崛起的西台人，居住於兩河流域和愛琴海間的小亞細亞，民風好戰亦善戰，除在西元前一五九○年左右襲擊巴比倫王國，造成巴比倫王國滅亡。西元前十五世紀末，又進攻其東南方的強國——米坦尼王國，並繼續往南進攻敘利亞和埃及。但在與埃及人爭奪敘利亞的過程中，卻損失慘重，雙方在西元前一二九九年爆發戰爭——「卡迭什之役」，最後以和平收場。後來西台人約在西元前一一八○年滅亡，原因不明，學者推測腓尼基人的興起、內亂和北方民族的入侵，都可能是原因之一。

西台人擊敗其他民族的關鍵，在於他們最早懂得並壟斷冶鐵技術，且將冶鐵技術應用在弓箭、鐵斧、盾牌等堅硬的武器製造上。除此之外，又向米坦尼王國學會馴馬技巧及運用戰車。西台人甚至改良戰車，使戰車可乘載的戰士從原先的兩名增加到三名，一個駕馭戰車、一個手持武器，增加的那一個可以拿盾牌掩護，配合原有的鐵甲、武器，使西台做戰武力大為提升，軍隊所到之處無不所向披靡。

西台人滅亡後，冶鐵技術也隨鐵匠流亡至希臘、歐洲、印度等地，促使各地走向鐵器時代。

腓尼基人創造西方文字之母

腓尼基人分布於地中海沿海，因所處環境不適合耕作、又擁有可供造船的林木資源，促成腓尼基人以航海貿易為其主要經濟來源。

西元前一千一百年，愛琴海上的邁錫尼文明滅亡後，腓尼基人控制地中海海上貿易，北非、賽普勒斯、西班牙、薩丁尼亞、西西里島一帶皆為其經商範圍；並建立殖民地，西班牙的加地斯、非洲的迦太基都是腓尼基人的城邦。

腓尼基人善於利用各殖民地的優勢，在各地開採礦產，如西班牙的銀礦、西非的黃金和葡萄牙的錫礦等等，並藉此發展手工藝，與各種貨物的中間進出口貿易，是當時海上貿易的霸主。因經商需要，腓尼基人也發展出自己的文字系統。最早腓尼基人使用兩河流域的楔形文字，但為了讓書寫更方便，他們將楔形文字結合迦南（今以色列）與埃及文字，創造出自己的字母系統，這個字母系統後來成為希伯來人、希臘人、拉丁人和阿拉伯人字母的共同起源基礎。

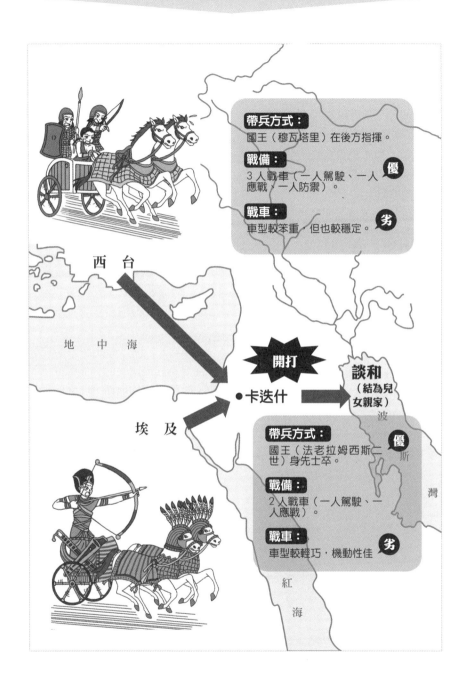

帶兵方式：
國王（穆瓦塔里）在後方指揮。 **優**

戰備：
3人戰車（一人駕駛、一人應戰、一人防禦）。 **優**

戰車：
車型較笨重，但也較穩定。 **劣**

西台

地中海

開打

●卡迭什

談和
（結為兒女親家）

埃及

波斯灣

帶兵方式：
國王（法老拉姆西斯二世）身先士卒。 **優**

戰備：
2人戰車（一人駕駛、一人應戰）。

戰車：
車型較輕巧，機動性佳 **劣**

紅海

亞拉米人創立西亞通用語言

亞拉米人原為游牧民族，西元前一千兩百年左右，在今天的敘利亞、約旦、黎巴嫩和巴基斯坦一帶建立自己的城邦，與地中海地區、腓尼基人和希伯來人交流往來。亞拉米人建立的國家中，最著名也最強大的即是大馬士革王國。

大馬士革是亞洲最古老的城市之一，位於巴拉達河北岸，四周有綠洲，適於人居，在亞拉米語中的意思是「水源充足之處」，亞拉米人為其開鑿地下河道，建設引水和供水工程，將巴拉達河河水引進大馬士革。雖然後來羅馬和阿拉伯人曾改造此供水系統，但它至今仍是大馬士革城供水系統的基礎。

亞拉米人和腓尼基人同樣都善於經商，腓尼基人掌握地中海上貿易，亞拉米人則掌握兩河流域和埃及的貿易。因亞拉米人商業發達、足跡遍布兩河流域各地，促使亞拉米語取代阿卡德語，在西元七世紀阿拉伯人興起以前是兩河流域通用的語言。亞拉米語甚至影響其他民族的文字，如猶太人在亞拉米的文字基礎上建立自己的希伯來字母。亞拉米語也是耶穌創建基督教時所使用的語言，之後更隨著基督教的傳播而向外流傳至波斯、東亞、印度和中國，印度的梵文即是用亞拉米的字母拼成，中國的蒙文、滿文、藏文等也曾受其影響。

猶太人創立最早的一神教

猶太人又名希伯來人，西元前一千年左右，在耶路撒冷建立自己的國家「以色列王國」，但短暫維持不到一百年，就分裂為兩個小國，這兩個國家又分別亡於鄰近強國亞述與迦勒底（新巴比倫帝國）。雖然波斯攻滅新巴比倫時曾釋放猶太人，讓他們回到耶路撒冷定居，然而在羅馬勢力興起後，猶太人仍難逃被滅亡的命運，成為羅馬的一省，猶太人開始失去政治上的獨立地位，長期在各國之間流轉，沒有自己的國家，直至滅亡一千多年後，才在西元一九四八年復國成功。

猶太人長期經歷流離失所，依舊未曾放棄重新建立自己的國家，支撐他們的最大力量正是堅定的信仰。猶太人信奉的是「猶太教」，他們自認是上帝耶和華的選民，受到上帝的喜愛，將來必有救世主出現，領導他們建立國家。猶太教影響了後來的兩大世界性宗教——基督教與伊斯蘭教的產生。基督教創立者——耶穌為猶太人，舊約聖經也是根據猶太教的希伯來聖經而來，而伊斯蘭教創立者穆罕默德則參考基督教和猶太教教義，制定伊斯蘭教教義。記錄希伯來人宗教觀、法律和哲學觀的重要經典——《舊約聖經》（舊約全書）隨著經基督教的發揚光大，傳播到全世界。

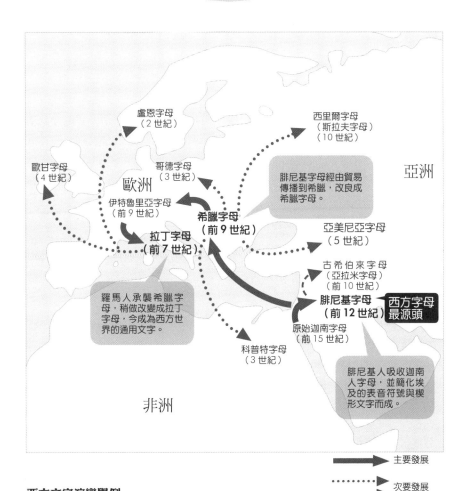

腓尼基字母經由貿易傳播到希臘，改良成希臘字母。

羅馬人承襲希臘字母，稍做改變成拉丁字母，今成為西方世界的通用文字。

腓尼基人吸收迦南人字母，並簡化埃及的表音符號與楔形文字而成。

盧恩字母（2 世紀）

西里爾字母（斯拉夫字母）（10 世紀）

歐甘字母（4 世紀）

哥德字母（3 世紀）

伊特魯里亞字母（前 9 世紀）

希臘字母（前 9 世紀）

亞美尼亞字母（5 世紀）

拉丁字母（前 7 世紀）

古希伯來字母（亞拉米字母）（前 10 世紀）

腓尼基字母（前 12 世紀）　西方字母最源頭

原始迦南字母（前 15 世紀）

科普特字母（3 世紀）

歐洲　亞洲　非洲

主要發展

次要發展

西方文字演變舉例

	腓尼基字母	希臘字母	羅馬字母
牛	𐤀	A α	A
房屋	𐤁	B ß	B
駱駝	𐤂	Γ γ	C

西元前 1300 年～西元前 605 年◆亞述帝國
以殘暴令人懼怕的血腥獅穴

重視軍事力量的亞述，除增強戰備之外，也進行一連串戰術和軍事編制的改革，終於以其強大的軍力和殘暴的手段征服兩河流域和埃及，成為統一亞、非兩洲的帝國。

第一個統一整個西亞的國家

亞述發跡得相當早，西元前二千年左右即在美索不達米亞北部建立起自己的國家，但因為鄰近強國的侵擾，而長期受制於他族。先是臣服於勢力強大的巴比倫底下，後又因西台王國和米坦尼王國的崛起，被迫而獨立、時而依附。直到與西台人接觸、學得製鐵技術後，勢力才逐漸強大。

西元前一千四百年左右，亞述人脫離米坦尼王國獨立。接著國王亞述納西帕二世（Ashurnasirpal II）開始整備軍隊，向外擴張領土，逐一統治兩河流域。此後歷代諸王繼續擴充軍備，使亞述軍力大增，進一步向外擴張，先後擊敗敘利亞、以色列、腓尼基和巴比倫，建立起強大的亞述帝國。至西元前七世紀，國王亞述巴尼拔（Ashurbanipal）在位時亞述國勢達於鼎盛，不僅統治整個西亞，更征服了埃及的孟斐斯和底比斯。

血腥的獅穴

或許先前曾長期經歷他族的欺壓，使得亞述人養成好戰的習性，並特別重視軍事方面的能力，如軍隊編制的改革。首先是國王亞述納西帕二世創建一支以步兵、弓箭兵和戰車為主的常備軍，這支軍隊後來成為亞述戰力的基礎。後來又增加騎兵隊，以強勢殘暴的手段馴服戰敗國家或殖民地的人民，訓練他們加入軍隊，擴充戰力來源，反抗者將遭到無情的鎮壓。除此之外，亞述人也致力將機械和鐵器運用在軍事上，追求戰術的精進。亞述人利用冶鐵技術發明許多堅

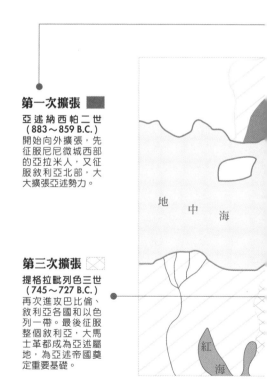

第一次擴張 ▮
亞述納西帕二世
（883～859 B.C.）
開始向外擴張，先征服尼尼微城西部的亞拉米人，又征服敘利亞北部，大大擴張亞述勢力。

地　中　海

第三次擴張 ▨
提格拉毗列色三世
（745～727 B.C.）
再次進攻巴比倫、敘利亞各國和以色列一帶。最後征服整個敘利亞，大馬士革都成為亞述屬地，為亞述帝國奠定重要基礎。

紅　海

韌的武器，如弓箭、長矛、鐵甲等，又改造車輪，讓戰車更為堅固。除此之外還運用攻城錘和投石機等大型攻城武器，巨大的銅錘讓亞述攻占不少城池。

亞述軍隊對戰敗地區的手段十分殘忍，除暴虐無道的鎮壓外，還摧毀城池、刻意縱容士兵搶奪錢財、強行擄走大批俘虜或殺光城內所有百姓，並對戰俘施加酷刑，如斷手腳、挖眼珠、割耳鼻等；對於反叛者則更加兇殘，除炫耀自己的戰績外，也藉此震懾敵軍。這是一種恐怖心理戰術，他們對於城市的破壞以及帶來的災難，都讓鄰近國家感到恐懼，因此亞述的首都尼尼微城在當時被稱為「血腥的獅穴」，即暗指亞述的殘暴兇狠。

亞述帝國的四次擴張

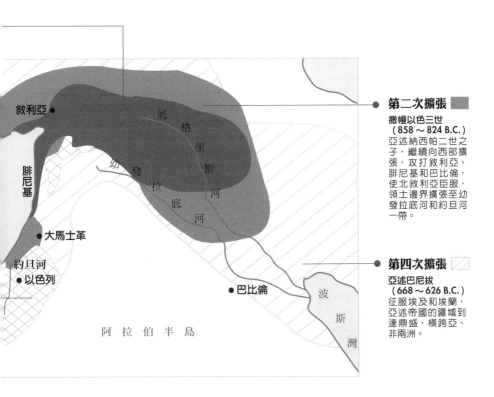

敘利亞

底格里斯河

幼發拉底河

腓尼基

大馬士革

約旦河
以色列

巴比倫

波斯灣

阿 拉 伯 半 島

● **第二次擴張**

撒幔以色三世
（858～824 B.C.）
亞述納西帕二世之子，繼續向西部擴張，攻打敘利亞、腓尼基和巴比倫，使北敘利亞臣服，領土邊界擴張至幼發拉底河和約旦河一帶。

● **第四次擴張**

亞述巴尼拔
（668～626 B.C.）
征服埃及和埃蘭，亞述帝國的疆域到達鼎盛，橫跨亞、非兩洲。

◆亞述的文化
文武雙全的亞述人

亞述帝國不僅擁有偉大的戰功，同時以高度的藝術文化發展著稱。首都尼尼微城除以壯麗的宮殿建築藝術聞名外，更是擁有收藏兩萬多塊泥版文獻的國家圖書館。

宣揚戰功彪炳的宮殿壁畫

除以殘暴好戰聞名外，亞述帝國亦以其驚人的建築藝術成就著稱於世。亞述在擴張領土的過程中，曾先後將首都從亞述城（Ashur，今伊拉克謝爾卡特堡）遷都至尼姆魯德（Nimrud，今伊拉克摩蘇爾南部）和尼尼微城（Nineveh，今伊拉克摩蘇爾），這兩個城市皆建有華麗雄偉的大型宮殿，尤其尼尼微城的宮殿是由埃及、腓尼基、波斯、土耳其等各地工匠合力打造，使用來自各地的貢品或戰利品，融各地的藝術風格為一爐，又以珍稀的異國植物布置成流水花園，極度豪奢與富麗堂皇。

此外，華麗的宮殿浮雕壁畫更是具體展現亞述人好戰性格的藝術精華，是亞述帝國最重要的藝術成就。亞述人以雄壯的戰爭場景、外國使節的來貢和國王狩獵為創作題材，竭盡所能地在壁畫中歌頌亞述國王的豐功偉業。作品中陣容強大的軍隊、姿勢挺拔的隨征士兵和栩栩如生、生動兇猛的野獸，在都顯現出亞述精湛的雕刻技巧，也讓人感受到亞述戰力的威猛。

除了建築藝術的發展外，亞述人在天文地理方面也有不少貢獻。亞述的每座城市中都設有觀測天體的觀測台，每一次觀星都用刻石和泥板完整的記錄下來。他們將天體分成三百六十度，用類似經緯度的方式來測知地理位置，也將三百六十度應用到太陽一天運行的軌道，已可預測日蝕、月蝕，並發現五大行星。

擁有最早的圖書館

除了建築、天文外，文學的發展更是亞述致力推動的目標。國王亞述巴尼拔（Ashurbanipal）非常熱衷學術文化，曾在首都尼尼微城建造史上最早的皇家圖書館，這座皇家圖書館所收藏的楔形文字泥板文書，光目前為止可確認者就多達兩萬多塊，可以想見當時書籍藏量的豐富，因此這座圖書館又被稱為泥板圖書館。這些楔形文字泥板典籍的內容十分多元，包含各地文學、宗教和科學等，今已成為研究當時兩河流域學術文化的重要史料。除此之外，又命學者抄錄古老典籍、有系統地將書籍收入圖書館。在亞述巴尼拔的文化政策推動下，亞述的文化成就大為提升，成為亞述帝國文化發展最鼎盛的階段，因而讓當時的尼尼微城既是亞述最大的行政中心，同時更是世界級的學術文化中心。

亞述宮殿的雕刻藝術

亞述納西帕二世（883～859B.C.）在出征回國後建造尼姆魯德宮殿，
壁畫描述的即為其敘述攻占城堡、擊敗敵軍的戰爭場景。

兩名弓箭手乘勝
追擊敵軍。

顯示當時已有西亞
主食棗椰樹。

亞述軍隊攻無不克，
已攻占敵軍城堡。

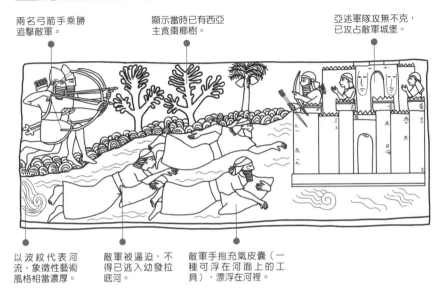

以波紋代表河
流，象徵性藝術
風格相當濃厚。

敵軍被逼迫，不
得已逃入幼發拉
底河。

敵軍手抱充氣皮囊（一
種可浮在河面上的工
具），漂浮在河裡。

亞述巴尼拔的獵獅浮雕壁畫

亞述人的好戰性格也展現在狩獵上，國王藉此炫耀自己的英勇和強悍，因此
狩獵是皇室最重要的娛樂活動。亞述人豢養獅子、牛和鹿，供狩獵之用。

第一層

獅子被釋放，往前奔
馳，被國王射殺。

第二層

抓住牠的尾
巴，要用權
杖來殺了
牠。

騎兵故意將獅
子趕到國王面
前。

第三層

國王設宴慶祝。

西元前 625 年～西元前 539 年◆新巴比倫王國

繼亞述而起的軍事強權文明

新巴比倫王國使巴比倫城再度成為兩河流域的統治中心，勢力一度非常強盛，但後期
國勢衰落，最終使兩河流域地區落入波斯帝國手中，兩河流域文明自此結束。

巴比倫之囚

亞述帝國的高壓統治引發不少地區群起反抗，如自阿拉伯沙漠到美索不達米亞南部定居的迦勒底人，在領袖納波普拉薩（Nabopolassar）的帶領下，發動反抗亞述的行動，西元前六二六年在巴比倫建立自己的國家——新巴比倫王國。西元前六一二年，新巴比倫王國和米底王國聯手攻破尼尼微城，亞述帝國在苟延殘喘幾年後，還是在西元前六○六年滅亡，新巴比倫王國瓜分亞述帝國的領土，成為整個兩河流域的新主宰。

亞述帝國滅亡後，新巴比倫國王尼布甲尼撒二世（Nebuchadnezzar II）逐一征服鄰近國家，包括埃及、猶大王國、腓尼基等地。猶太人在新巴比倫征服過程中，曾經受到埃及的煽動多次反叛，讓尼布甲尼撒二世十分痛恨，誓言要討平猶太人的反抗勢力。西元前五九七年，尼布甲尼撒二世攻占猶大王國的首都耶路撒冷，俘虜上萬名猶太王室貴族、富人、平民等，造成猶太人的流亡，這是歷史上第一次的「巴比倫之囚」。西元前五八七年，尼布甲尼撒二世所扶持的猶大國王反叛，讓他再度揮軍南下討伐，並以更殘酷的手段燒毀耶路撒冷城，且再度將全城居民都擄至巴比倫。直到新巴比倫滅亡，猶太人才重獲自由。

被後來崛起的波斯所滅

尼布甲尼撒二世逝世後，國王與神廟大祭司間的權力對立衝突加劇，使得新巴比倫國勢開始衰落，加上新巴比倫王國只是一味模仿亞述帝國擴張勢力範圍，沉溺於勝利的美好，對於征服地區卻未能善加管理，也未注意四周鄰國情勢變化，使得強盛局面未能長久維持下去。

與此同時，分布於兩河流域東部、今伊朗一帶的波斯人卻開始崛起。波斯人原本受米底王國統治，西元前五五○年左右，在領袖居魯士（Cyrus）的領導下，開始建立自己的國家，也就是後來的波斯帝國。建國後，開始向外擴張勢力，進占小亞細亞，迫使埃及、新巴比倫、斯巴達組成聯盟，共同對抗波斯的軍隊，但最終仍不敵波斯的勢力。西元前五三九年，新巴比倫被波斯所滅，西元前五二五年，埃及也成為波斯統治的領土。

新巴比倫帝國與其他國家間的關係

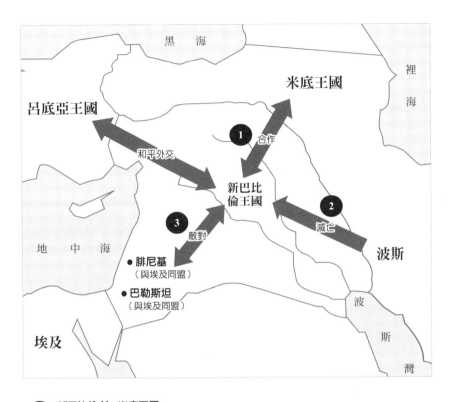

1 新巴比倫 Vs. 米底王國
曾藉米底王國之力擊敗亞述，成為兩河流域新盟主。

2 新巴比倫 Vs. 波斯王國
居魯建立波斯王國，並向外擴張，滅亡新巴比倫帝國。

3 新巴比倫征服猶太人
尼布甲尼撒二世兩度攻打受到埃及慫恿的腓尼基和猶太
人，並強迫遷到巴比倫。

尼布甲尼撒二世

　　尼布甲尼撒二世對於新巴比倫王國的貢獻除了領軍四處征戰，擴張新
巴比倫領土外，也大興土木重建巴比倫城，讓原本已破舊不堪的巴比倫重新
成為著名的大都市，可說是締造新巴比倫王國盛世的君主。

◆新巴比倫文化成就
愛妻國王建造出文明奇蹟

新巴比倫王國的文明成就主要有兩項，占星術與建築。建築今雖已不存，但占星術卻透過古希臘、羅馬發揚光大而發展至今。

今占星術的源頭

新巴比倫王國的國祚雖然不到一百年，但對於世界文明的發展卻仍有相當貢獻，其對後世主要的影響，是在天文學的發現與研究上。

迦勒底人之所以觀測天象、研究天文學，乃是基於對宗教的虔誠，以及對宿命論的深信。當時已發現金星、木星、土星、火星、水星五大行星。迦勒底人相信神的旨意會透過星體來呈現，且每一顆星都代表一個神祇，因此透過星體的觀測，可以得知神的旨意，如金星是掌管戰爭、美貌與愛的伊什塔爾（Ishtar）女神，水星是負責文字與智慧的納布（Nabu）。此外，當時也已有「黃道十二宮」（即今日的十二星座）的觀念，並有專門祭司負責研究天象變化，以預測未來、為眾人指點迷津。占星術後來傳至希臘、埃及，希臘人將占星術從預測國事轉而應用到個人命運的占卜，並與哲學思想結合，使占星術逐漸脫離宗教。羅馬統治時期，兼具天文學家與占星家身分的托勒密（Ptolemy）透過天體的觀測，繪製占星命宮圖，將占星學與科學結合，使占星學成為一套有邏輯的知識系統，並著有影響後世深遠的重要著作《占星四書》（Tetrabiblos）。

此外，迦勒底人觀察月亮盈缺，將一個月分為四周，一周定為七天，一天有十二個時辰，每個時辰有一百二十分鐘。這種計時方式較過去精準，同時亦影響到今日人類的計時方式。

為解鄉愁而建空中花園

建築藝術也是新巴比倫的一項重要成就，名列世界七大建築奇觀的空中花園，相傳是尼布甲尼撒二世為妻子米底王國公主所建。因公主思念家鄉地勢高聳的伊朗高原，尼布甲尼撒二世便命人在宮中打造一座假山，並在這座假山上種滿花園奇花異草，讓公主一解思鄉之苦。這座花園假山設置在高起平台上，加上高台層層堆疊的階梯型設計，使花園從遠處望去猶如懸浮在半空中，因而稱為空中花園。

除了空中花園之外，尼布甲尼撒二世也修築了馬爾杜克神廟，馬爾杜克（Marduk）是巴比倫城邦主神，也是創造萬物之神。馬爾杜克神廟有南北兩座，根據記載，北座神廟裡有一座塔，塔頂足與天齊高，是當時兩河流域最高的建築，被人稱為是《聖經》中巴別塔的原型。

空中花園

相傳是尼布甲尼撒二世為解米底王國公主妻子的思鄉之情而建，是世界七大建築奇觀之一。

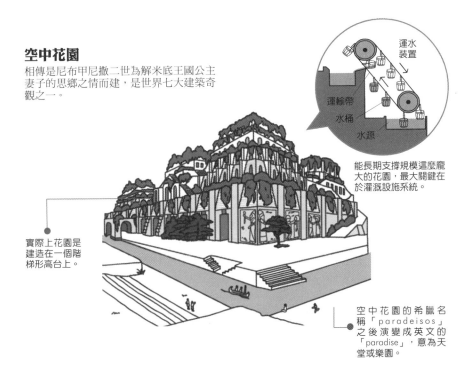

運水裝置

運輸帶

水桶

水源

能長期支撐規模這麼龐大的花園，最大關鍵在於灌溉設施系統。

實際上花園是建造在一個階梯形高台上。

空中花園的希臘名稱「paradeisos」之後演變成英文的「paradise」，意為天堂或樂園。

伊什塔爾門

尼布甲尼撒二世時的巴比倫城規模浩大，光城牆就有 18 公里，城門有 100 多座，其中最著名的就是伊什塔爾城門。

城門高達 12 公尺，由兩座形式一樣的城牆前後並列而成。

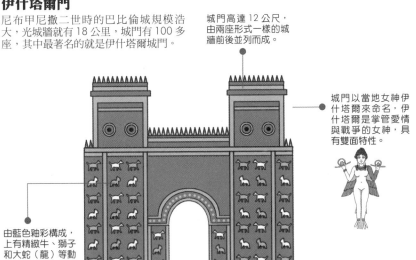

城門以當地女神伊什塔爾來命名，伊什塔爾是掌管愛情與戰爭的女神，具有雙面特性。

由藍色釉彩構成，上有精緻牛、獅子和大蛇（龍）等動物浮雕。

第四篇

西元前3000年～西元前500年
印度文明

創建世界三大宗教之一的佛教。

具有現代化城市規模的哈拉帕文明。

擁有刻在印章上的文字系統。

印度自幾千年前就已形成多元文化的特色。最早是印度河流域的哈拉帕文明，有兩座具備現代城市計畫規模的大都市摩亨佐達羅和哈拉帕，但哈拉帕文明卻因不明原因迅速滅亡。繼之而起的是阿利安人所建立的吠陀文明，其所創建的宗教、社會制度形構出印度至今的文化樣貌。釋迦牟尼創立佛教，雖然目前印度的佛教徒數量不多，但佛教卻在全球發揚光大，成為世界性宗教之一。

擁有世界第三長史詩摩訶婆羅多。

擁有設備完善的公共大浴池

種族複雜多元，有種族博物館之稱。

神祕複雜的文明古國

多元民族與文化形塑出印度的古文明，最早是印度河流域的哈拉帕文明，當時已發展出現代城市計畫規模的大都市。繼之而起的是阿利安人所建立的吠陀文化，產生影響印度至今的婆羅門教與種姓制度。

1500 B.C.
阿利安人越過興都庫什山進入印度，開創印度吠陀文化。

2500 B.C.
出現具現代都市計畫規模的都市哈拉帕。

2600 B.C.
古印度河文明主要城市摩亨佐達羅形成。

2500～1800 B.C.
與兩河流域貿易興盛而產生一些沿海城鎮，如洛塔爾

烏茲別克

土庫曼

塔吉克

波斯

阿富汗

興都庫什山脈

印度河

旁遮普

巴基斯坦

哈拉帕

摩亨佐達羅

塔爾沙漠

洛塔爾

印度洋

吉爾吉斯

中國

尼泊爾

不丹

恆 河

孟加拉

印 度

菩提迦耶

528 B.C.
釋迦牟尼
在 此 悟
道。

印 度 洋

*B.C. 表示西元前，A.D. 表示西元後。

◆文明的起源

多元種族開創古印度文明

印度在數千年前即由多種族群開創其多元文明的開端。先是有發源於印度河流域的哈拉帕文化，繼之則是阿利安人在恆河流域所建立的吠陀文化。

活的「種族博物館」

印度境內種族複雜、多元文化並存，據統計，光印度人所使用的語言就超過七百種，若計入方言則多達上千種，宛如活的「種族博物館」，這種多元族群的現象，源自於數千年來種族與種族間的遷徙、交流和混合。

最早居住於印度的是一種體型矮小、皮膚黝黑的小黑人，名為尼格利陀人（Negrito），他們不僅和非洲的俾格米人（Pygmy）近似，也與今日印度安達曼群島上的黑人關係密切。

西元前三、四千年前，開始有不少民族遷入印度河流域，像是來自伊朗高原的達羅毗荼人（Dravidians）。此外，光在摩亨佐達羅遺址就發現至少有三種人種，包括澳洲人種、蒙古人種和地中海人種，可知印度河文明並非由單一種族所創造。西元前兩千五百年時，氣候的改變導致中亞從原本的水草豐沛一轉而為乾燥的沙漠地帶，造成原居於此的印歐民族向外遷徙，其中阿利安人遷入印度的恆河流域一帶，成為印度人數最多也最主要的民族，並取代原先古印度河文明的文化主體地位。

外來民族形成印度多元文化

印度面積幅員廣闊、地理面貌多變，有沙漠、熱帶雨林，也有印度河和恆河沖積而成的平原，環境相當適宜人居。除此之外，印度屬於南亞，位置重要，是東亞和中亞、西亞的交通樞紐。西南東三面臨海，北方有喜馬拉雅山屏障，只有西北方的山口，是各地民族遷入的孔道，各族群在經過不斷的衝突、摩擦和融合後，形成印度今日多元族群複雜的現象。

最早的印度文明起源於印度河流域，包括哈拉帕和摩亨佐達羅這兩座城市。然而因研究資料有限，相關的原始資料仍未解讀成功，因此相較於其他地區，古印度河文明的輪廓仍很模糊，其衰退的原因至今也未有定論。

阿利安人遷入後，建立了以吠陀經為主要思想的吠陀時代，為印度在文化、宗教和社會制度上帶來許多影響至今的重要發展，包括頌揚神靈的吠陀經、印度宗教起源之一的婆羅門教、形構印度社會的種姓制度等，這些文化對今日印度社會影響極為深遠，尤其是種姓制度，而吠陀文化更是使印度文明的重心由西部的印度河流域轉向東部的恆河流域的關鍵。

古印度文明 Vs. 世界重要大事年表

印度文明大事　　　世界大事

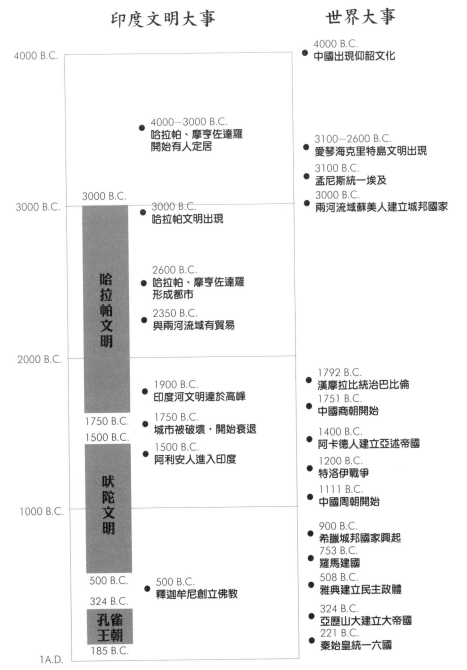

4000 B.C.

3000 B.C.

2000 B.C.

1000 B.C.

1 A.D.

4000~3000 B.C.
哈拉帕、摩亨佐達羅
開始有人定居

3000 B.C.
哈拉帕文明出現

2600 B.C.
哈拉帕、摩亨佐達羅
形成都市

2350 B.C.
與兩河流域有貿易

哈拉帕文明

1900 B.C.
印度河文明達於高峰

1750 B.C.
城市被破壞，開始衰退

1500 B.C.
阿利安人進入印度

吠陀文明

500 B.C.
釋迦牟尼創立佛教

孔雀王朝

185 B.C.

3000 B.C.

1750 B.C.
1500 B.C.

500 B.C.
324 B.C.

4000 B.C.
中國出現仰韶文化

3100~2600 B.C.
愛琴海克里特島文明出現

3100 B.C.
孟尼斯統一埃及

3000 B.C.
兩河流域蘇美人建立城邦國家

1792 B.C.
漢摩拉比統治巴比倫

1751 B.C.
中國商朝開始

1400 B.C.
阿卡德人建立亞述帝國

1200 B.C.
特洛伊戰爭

1111 B.C.
中國周朝開始

900 B.C.
希臘城邦國家興起

753 B.C.
羅馬建國

508 B.C.
雅典建立民主政體

324 B.C.
亞歷山大建立大帝國

221 B.C.
秦始皇統一六國

*B.C. 表示西元前，A.D. 表示西元後。

◆哈拉帕遺址

西方考古熱揭發東方千年古文明

印度的考古活動晚至十九世紀才開始，並在二十世紀初受到當時的英國殖民政府重視，考古出土眾多遺址，至今仍持續進行跨國性考古研究計畫。

多次挖掘，卻沒有重大發現

十九世紀時，印度（包含巴基斯坦）是英國的殖民地，當時有一名曾為逃兵的英國探險家查理·麥森（Charles Masson），在今巴基斯坦的旁遮普省（Punjab）地區發現一座廢棄古城，此即哈拉帕（Harrapa）古城首度被發現的紀錄，但並未受到英國當局重視。

西方在十八至十九世紀末時因埃及和兩河流域有重大考古發現而掀起「考古熱」，英國也因此開啟對古文明發掘的興趣，並在一八六二年成立印度考古局，由亞歷山大·康寧漢（Sir Alexander Cunningham）出任考古局長。一八五○年左右，英國考古隊在考古學家亞歷山大·康寧漢的主持下，在印度進行挖掘。但哈拉帕古城卻因修建鐵路而遭破壞，僅挖掘出一枚印章和少許石器、磚塊、陶片等，印章更遭到亞歷山大·康寧漢斷定是境外傳入的文物，而未進行深入研究。

一九○二年，新任考古局長約翰·馬歇爾（Sir John Hubert Marshall）繼續在印度河流域進行考古挖掘，並派人追查修建鐵路使用的磚塊來源，首度在摩亨佐達羅（Mohenjo-daro）一帶發現一座古城，然而除此之外，並未有其他重大發現。

考古鑑定揭發歷史之謎

一九二○年以後，考古工作終於有了重大突破。經過研究發現，印章中的文字與兩河流域的楔形文字不同，且有可能是更古老的文字，約翰·馬歇爾下令展開哈拉帕和摩亨佐達羅的大規模正式挖掘。其助手拉傑·班納吉（R. D. Banerji）便是在這次活動中發現摩亨佐達羅有與哈拉帕相同的印章、磚塊等文物，並推測這座城市約興建於西元前二千六百年左右，此後對印度古文明進行考古和研究工作持續不斷。

一九八○年，美國和巴基斯坦共同合作進行長期研究工作。除發現兩座重要大城、一條重要水道之外，在印度河沿岸也陸續發現其他遺址，包括果德迪吉、昌胡達羅、朵拉維臘和卡利班甘等七十餘處。遺址範圍橫跨巴基斯坦和印度，遍布印度河流域，從印度河口直到喜馬拉雅山麓皆有發現。這些遺址雖然規模大小不一，有的是大城鎮，也有的是村莊或更小型的邊遠郊區村落，但布局卻十分相似，文化風格也相當一致，這樣的一致性成為印度河文明的最大特色。

古印度河文明的遺跡

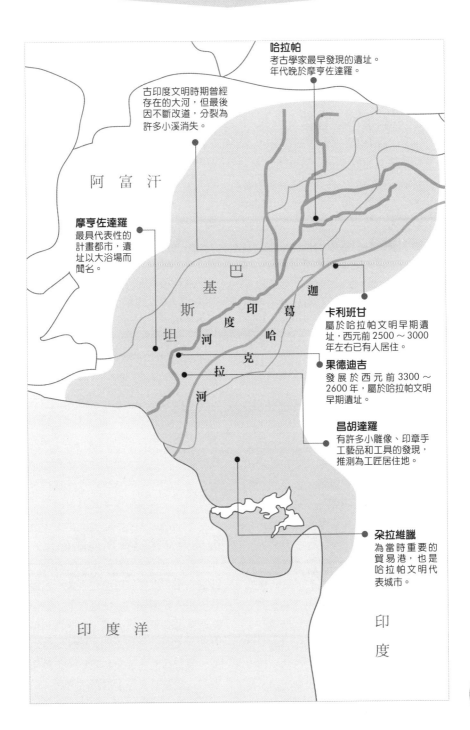

哈拉帕
考古學家最早發現的遺址。
年代晚於摩亨佐達羅。

古印度文明時期曾經
存在的大河，但最後
因不斷改道，分裂為
許多小溪消失。

阿 富 汗

摩亨佐達羅
最具代表性的
計畫都市，遺
址以大浴場而
聞名。

巴
基
斯
坦

印
度
河

葛
哈
克
拉
河

迦

卡利班甘
屬於哈拉帕文明早期遺
址，西元前 2500～3000
年左右已有人居住。

果德迪吉
發 展 於 西 元 前 3300～
2600 年，屬於哈拉帕文明
早期遺址。

昌胡達羅
有許多小雕像、印章手
工藝品和工具的發現，
推測為工匠居住地。

朵拉維臘
為 當 時 重 要 的
貿 易 港，也 是
哈拉帕文明代
表城市。

印 度 洋

印
度

◆哈拉帕文明

足以媲美現代都市的古文明城市

從大型城市哈拉帕和摩亨佐達羅到卡利班甘、昌胡達羅等其他較小的城鎮，全都展現出一致的都市風貌，可知整個印度河文明的城鎮皆經過完善而細密的規畫。

哈拉帕與摩亨佐達羅

哈拉帕和摩亨佐達羅是印度河文明中最具規模的兩座都市遺址，因此學者推斷這兩大都市可能具有首都的地位，尤其是哈拉帕，應該是當時最重要的政治經濟中心，因此印度河文明又可稱為哈拉帕文明。

大約在西元前四千到三千年左右，即有人在此定居；至西元前二千六百年時，形成具有相當規模且有完善規畫的都市，一直到西元前一千九百年皆為其全盛時期，在此期間人口不斷增加，各種文化、工藝技術也快速發展。

根據出土器物的研究發現，哈拉帕的器物僅屬於印度河文明後期，而摩亨佐達羅的文物則從早期到後期都有，因此學者普遍推測哈拉帕形成的年代比摩亨佐達羅晚，甚至哈拉帕因城市街道布局與摩亨佐達羅相似，建築藍圖有可能參考摩亨佐達羅。

擁有高度規畫的城市建設

摩亨佐達羅是印度河流域最具代表性的計畫都市，城內分為東西兩區，東區為下城區，西區為城堡區。東邊下城區主要是市街和住宅區，區內主要街道為南北向，和小巷子垂直交錯，形成密集的棋盤式交通網，最

寬敞的街道可同時並行至少兩到三輛牛車。西邊城堡區有一個堅固的土墩堡壘，主要做為防禦之用，建於龐大的人工平台上，高達十二公尺，展現出令人震懾的氣勢。城堡區的公共建設十分完善，有用來貯存糧食、以備不時之需的大型穀倉，以及可能用來舉行宗教儀式的大型浴場，此外還有專門處理垃圾的回收場和下水道排水系統。住宅區的每一間住宅旁都有下水道、浴室和廁所設備，每一戶排出的汙水會經由這些下水道流至大街的排水溝，排水溝設有用來做定期檢查的洞孔，以防止水道阻塞，而供給公用水的井水和私人用的井水更是有所區分，可知這是一個衛生設施很完善、汙水處理很縝密的城市。這些充滿計畫性的建設，不但比歐美都市還早，且足以媲美現代都市，顯見印度河文明的文明發展程度之高。

從建築知曉其貧富差距分化

兩座遺址的規畫顯現出當時的貧富差距和階級制度分化現象。上層階級和一般市民的居住區分開，西區城堡區是繁華的「上城」，不僅為城市的主要政治中心，有大型集會場所，還有其他大型公共建築，宗教領袖和政治領導人等上層階級皆居住於

摩亨佐達羅平面圖

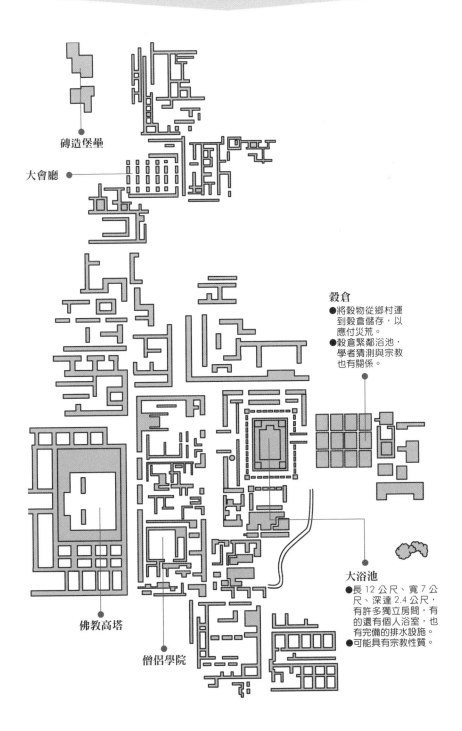

磚造堡壘

大會廳

穀倉
- 將穀物從鄉村運到穀倉儲存，以應付災荒。
- 穀倉緊鄰浴池，學者猜測與宗教也有關係。

佛教高塔

僧侶學院

大浴池
- 長12公尺、寬7公尺、深達2.4公尺，有許多獨立房間，有的還有個人浴室，也有完備的排水設施。
- 可能具有宗教性質。

此。東區才是平民居住的區域和市街，還有各種工作坊，包括染布、紡織、串珠、金工、陶藝等，也有交易熱絡的商業區，可見當時文化工藝的發達和貿易的繁榮。

此外，街區內井然有序，有不同分區，每個區域內有多間住宅。這些住宅大多是數間房間圍繞一個庭院所組成的建築，也有兩層樓建築，規模從有單間房間的簡陋茅舍到擁有數十個房間和院子的豪華住宅都有，造型也很多變，由此更可看出當時社會貧富差距的懸殊。

可能具有宗教意義的大浴池

在摩亨佐達羅城堡區的諸多重要建築物中，最引人注目的是一座大浴場，這是在鄰近的兩河流域文明和埃及文明中所不曾見到的。整座浴場以長十二公尺、寬七公尺、深達二點四公尺的大浴池為主體，南北皆有階梯可以進入，浴池的牆壁先是塗上避免漏水的瀝青，再填滿灰泥和黏土，再鋪上表面有雕花裝飾的磚塊，顯現出細致的砌磚技術。大浴池的周圍則另外設有一間間獨立的單房，房間內有的還附有私人小浴室。浴場的排水設備同樣具有精密而複雜的設計，浴場外有一深達十八公尺的排水溝，將浴場內的汙水排往地下，排水溝並有良好的檢查機制，有入口蓋讓檢修的工人可輕易入內維護。

浴場的用途有人認為是公共澡堂，但也有學者推測應是舉行宗教儀式的場所，可能是儀式性的沐浴或淨身，與其他地區的大眾澡堂和浴池在

牛車
不論窮富，在印度河流域是普遍使用的交通工具。

作用上不同。對印度人來說，洗浴有淨身的意涵，因此「浴場」是十分神聖的場域，在今天的巴基斯坦和印度仍保有此儀式。

摩亨佐達羅復原圖

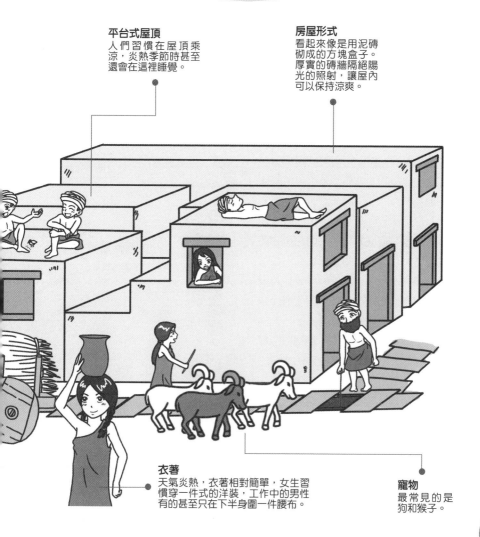

平台式屋頂
人們習慣在屋頂乘涼，炎熱季節時甚至還會在這裡睡覺。

房屋形式
看起來像是用泥磚砌成的方塊盒子。厚實的磚牆隔絕陽光的照射，讓屋內可以保持涼爽。

衣著
天氣炎熱，衣著相對簡單，女生習慣穿一件式的洋裝，工作中的男性有的甚至只在下半身圍一件腰布。

寵物
最常見的是狗和猴子。

◆哈拉帕文明的對外交流

建構穿越阿拉伯海的貿易網

古印度河文明出土大量與其他地區有關的考古文物，可證明與其他地區有頻繁的貿易往來，尤其是波斯和兩河流域。

出土文物證明有國際貿易

從摩亨佐達羅出土物品的多樣化，以及市街商業和工作坊的發達，可知印度河流域文明國內貿易的興盛。事實上，當時不僅國內貿易發達，國際貿易也十分頻繁。

與印度河流域貿易往來最頻繁的地區莫過於兩河流域。在兩河流域的烏爾（Ur）等其他城市發現許多哈拉帕時期的印章，學者推測這是一種出口檢驗章。而在兩河流域關於貿易和貨物清單的的楔形文書中也曾提到「梅魯哈」（Meluhha）一地，學者認為這是當時兩河流域通用的阿卡德語對印度河流域的稱呼。由此可知兩個區間貿易往來的歷史悠久，最遠可追溯到西元前二三五○年，從阿卡德王朝到烏爾王朝，皆與印度河流域的文明維持密切的貿易關係。

此外，在印度沿海洛塔爾（Lothal）遺址的碼頭有停泊船隻的痕跡，也有出土像是航海船隻模型的青銅器，這些考古證據都是國際貿易的最好證明。

貿易發達帶動城市興起

印度河流域的手工藝技術精湛，能製造各種精美藝品，因此輸出的物品包括各類串珠項鍊和貝殼手鐲等，還有當地盛產的木材、象牙、黃金、小麥和木棉等農礦產，棉花也遠近馳名。古印度人透過這些輸出物，與兩河流域交易當地的銀、銅、鉛、錫、羊毛織品和食物。除了兩河流域外，

印度與兩河流域間的貿易網絡

印度與波斯、美索不達米亞自西元前 2000 多年前交易即相當頻繁。

西　亞

兩河流域
烏魯克●
烏爾●

波斯

非洲

迪爾穆恩（今巴林）●

與波斯、中亞、中國和埃及亦有貿易往來。

　　發達的貿易為印度河流域帶來富裕的生活和文化交流，同時也促成一些因貿易而興起的城市發展，如沿海的洛塔爾（Lothal）和斯爾可塔達（Surkotada），以及印度河沿岸的卡利班甘（Kalibangan）等。而為應付隨貿易興盛而來的複雜交易，印度河流域也有一套統一且完善的度量衡制度。此外，貿易發達也帶動國內外交通網的完備。由統一的度量衡、繁榮的貿易網絡等，可推測印度河流當時域應有一個強大而嚴謹的政府或管理組織存在。

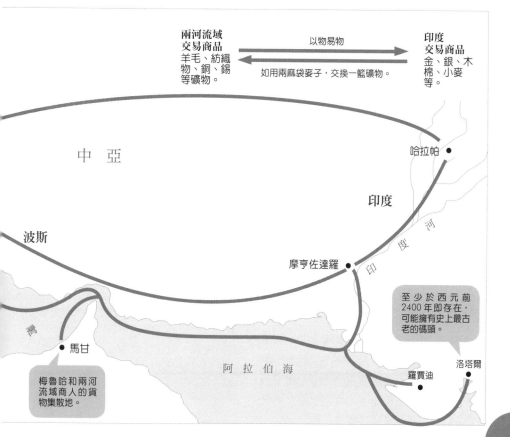

兩河流域
交易商品
羊毛、紡織物、銅、錫等礦物。

以物易物

如用兩麻袋麥子，交換一籃礦物。

印度
交易商品
金、銀、木棉、小麥等。

中　亞

哈拉帕

印度

波斯

印　度　河

摩亨佐達羅

至少於西元前2400年即存在，可能擁有史上最古老的碼頭。

馬甘

灣

阿拉伯海

羅賈迪

洛塔爾

梅魯哈和兩河流域商人的貨物集散地。

◆哈拉帕文化遺產

用印章傳達文字訊息

從有簡短文字符號的方形印章出土,可知古印度當時已有文字;此外更可從飾品與護身符並置這點,推測其有避邪等宗教意義。

用印章來傳遞文字信息

考古學家在哈拉帕和摩亨佐達羅等印度河流域遺址中發現大量方形印章,原先學者以為是自兩河流域傳入而未加以研究,後來證實這是古印度河流域使用的印章,據推測其目的應為表達文字訊息,可能與商業貿易有關,也可能為表現身分的簽名章,用於加蓋在通行證和行政公文上,或是加蓋於商品標籤上方,做為確認數量和運輸路線之用。

印章所使用的材質不一,有象牙、青石、紅銅和陶土等,形狀大多是正方形。印章上刻有像是動物、山河和神像的符號,動物圖案有牛、象、鱷魚、羊、鹿、犀牛或一些存在於神話或想像世界的獸類,如獨角獸等,其中以牛的樣式最多,種類也最豐富,有公牛、水牛、牛頭或牛角人面等,顯見牛隻在古印度文明農業社會中所具有的生產主力地位,而公牛則有財富地位的象徵意涵,至今牛仍是印度人認為最神聖的動物。

印章上除了動物圖案之外,圖案上方還有幾個像是文字的符號。雖然目前這些文字的意義尚未解讀出來,但可以確定的是,印度河流域文明已具備自己的文字系統。

佩戴可能具有避邪作用的飾品

哈拉帕和摩亨佐達羅已有熟練的陶器和金屬器製做技術,學者在遺址中發現各類工作坊,以及豐富的藝術品文物,包括青銅器、土器和陶器等,以及佩戴精美珠寶飾品的女性人型塑像,可知當時工藝技術的發達。首飾種類繁多,包括金工飾物、串珠項鍊、耳環和貝殼鑲嵌手鐲等,其中最具特色的是脖子上所掛的一串串項飾,這些光采華麗的飾品是當時的奢侈品,也是對外貿易最受歡迎的商品。此外,因有些飾品與護身符一起被發現,學者推斷這些飾品應該也有避邪和保護身體的作用。

除了金工和串珠,印度河流域的製陶技術也十分成熟。除在遺址中有不少陶坊遺跡外,也發現許多用赤陶燒製的小型塑像,包括一般婦女塑像、動物塑像、各種小型陶藝等,也有看起來像是王室貴族的男性塑像,以及佩戴許多飾品在胸前的女性塑像,學者認為這應該是古印度人所崇拜的神像。從這些藝術品可看出印度河流域文明在藝術方面的高度發展。

古印度文明的印章

每一枚印章上的字數簡短，不超過20字，至今仍未解讀成功。

獨角獸
具有宗教意義，古印度人認為他有神力，前方的圓筒則可能是擺放祭品的禮器。

瘤牛
數量極少，僅在哈拉帕和摩亨佐達羅發現，學者推測為皇室或統治者的象徵。

祭司或神像
頭戴角冠的神像或祭司，修行的坐姿被視為瑜珈的起源。

古印度文明的工藝

立體的五官
挺直的鼻樑、杏仁眼和落腮鬍，五官刻畫相當寫實。

頸飾項鍊
印度女子習慣佩戴項鍊或頸飾，有的甚至會上半身掛滿珠鍊。

肢體修長優美
手臂戴有精美鐲子，肢體線條優美。

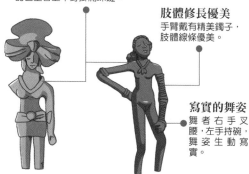

寫實的舞姿
舞者右手叉腰，左手持碗，舞姿生動寫實。

國王（祭司）石雕像
表情肅穆，形象莊嚴，頭頂有金冠，披掛精美長袍，推測為國王或祭司。

守護女神像
誇張的胸部和臀部曲線，象徵生殖與豐收。

女舞者銅像
其特殊動作顯示古文明時期印度舞蹈即十分盛行。

風格變化多端，有寫實，也有部分寫意，或是在寫實基礎上誇張或變形。題材貼近現實生活。

西元前 1800 年◆哈拉帕文化的結束
一夕之間突然消失無蹤

西元前一七五〇年左右，原本處於巔峰時期的摩亨佐達羅突然消滅，消滅原因從洪水侵襲、阿利安人入侵到核子爆炸等皆有學者提出，但至今仍未有定論。

無情洪水帶來文明衰滅

許多考古資料顯示，大約在西元前一七五〇年到一八〇〇年左右，印度河文明開始衰落，因線索有限，雖有無數考古學者提出解釋，但也無法真正解答文明衰亡之謎。

有學者認為古印度河流域文明的衰落與地表變動有密切關係。印度河下游、巴基斯坦南部沿海馬克蘭（Makran）一帶的海岸地表曾經隆起，造成河川氾濫、古印度河改道，也使得沿海貿易城市遠離海岸，失去原先的海港優勢，印度河中游的摩亨佐達羅也因此遭受洪水侵襲，農地受到洪水破壞，部分農田因河流改道失去灌溉水源，人民生計受到威脅，不得不遷徙到其他地區。

摩亨佐達羅原本相當仰賴河川的商業貿易，也因河川改道失去重要的貿易網絡，而使其同時喪失農業和商業經濟命脈，難逃貧窮和衰落的命運，雖然日後得以重建，卻導致原本嚴密的管理逐漸鬆散，組織和制度衰落，開始出現無法管理的亂象。學者普遍認為，印度河文明的衰退主要關鍵還是來自內部經濟的衰敗，而洪水氾濫的侵襲則是造成經濟沒落的主因。

與阿利安人侵略時間點不合

然而，也有不少持反對意見的學者認為，如果是因為洪水侵襲，那麼罹難者的屍體應該會被洪水沖散或漂走，但在摩亨佐達羅城廢墟下發現有許多人獸的骨骸，其中一處房屋發現十幾具屍體殘骸，這些屍體看來肢體扭曲、表情十分痛苦，極有可能是遭到突如其來的殺害，並被隨意棄置，因此認為印度河古文明是被入侵的阿利安人所滅。

但這個推論的時間點又與阿利安人入侵的時間點不合，根據歷史記載，阿利安人入侵印度是在西元前一千五百年左右，與摩亨佐達羅滅亡的時間相差甚遠，且目前並沒有直接的史料或考古證據顯示阿利安人就是導致古印度河流域文明滅亡的兇手。

由於古印度河流域文明的文字未能解讀，至今無法斷定歷史的發展和衰亡過程。除了「洪水滅亡說」和「阿利安人入侵滅亡說」外，還有已被推翻的「傳染病說」，以及未被證實的「核爆說」，但無論哪一種說法，古印度文明滅亡的真正原因至今都沒有明確肯定的答案。

印度古文明為什麼會衰微？

外族入侵說

- 摩亨佐達羅出土大量肢體扭曲、表情痛苦的屍體。
- 推測是阿利安人入侵，屠殺當時的印度人。

↓

疑點

距離可考的入侵時間，還有 200 多年！

傳染病說

- 骨頭殘骸顯示有些居民死於瘧疾。
- 推測是洪水侵襲破壞環境，髒亂的環境帶來傳染病。

↓

疑點

因病死亡的肢體不會扭曲。

核爆說

- 印度史詩有大爆炸的描寫。科學家在摩亨佐達羅發現類核爆後產生物質。
- 推測是摩亨佐達羅遭遇核能爆炸。

↓

疑點

遺跡沒有放射性物質痕跡！

洪水侵襲說

- 巴基斯坦南部海岸地層有變動過的痕跡。
- 推測是印度河河川改道，摩亨佐達羅被河水淹沒。

↓

導致

沿岸城市失去貿易網絡，經濟嚴重衰退。

土地鹽化說

- 摩亨佐達羅一帶有疑似遷徙的證據。
- 推測是耕地在洪災後鹽化，經濟命脈衰落。

↓

導致

人們只好棄城而去，另覓土地，原有城鎮衰落。

西元前 1500 年～西元前 500 年◆吠陀文化
恆河流域文明的興起

阿利安人並非最早居住於印度的種族，但卻成為印度最多也最主要的種族，其所建立的吠陀文化、婆羅門教和種姓制度，都對印度造成深遠的影響。

用吠陀經傳達神明旨意

西元前二千年開始，為因應氣候的變化，原本居住於中亞的游牧民族——印歐民族向外遷徙到兩河流域、伊朗高原和印度半島，如分布於小亞細亞，驍勇善戰的西台人即屬其中一支。西元前一千五百年，另一支印歐民族阿利安人經過伊朗高原，越過印度西北部的興都庫什山，征服印度北部和恆河流域，成為印度的統治者，其所帶來的吠陀文化亦成為印度延續至今的文化主體。

阿利安人的相關事蹟多記載於梵文書寫而成的《吠陀經》中，《吠陀經》可說是阿利安人的重要著作，因此阿利安人的統治期間又可稱為「吠陀時代」，其文明稱之為「吠陀文化」。《吠陀經》包括《梨俱吠陀》、《娑摩吠陀》、《夜柔吠陀》、《阿闥婆吠陀》四部，以《梨俱吠陀》的創作最早也最重要。《吠陀經》被視為是先知傳達的神明旨意，十分神聖，內容包括宗教的祝禱詞、讚美詩、聖歌等，也有關於趨吉避凶、治療惡疾的咒語和風俗習慣的記載，可從其中窺探出當時印度社會的大致模樣。

擁有三大主神的信仰

吠陀文化的思想核心，除了吠陀經，就是婆羅門教。吠陀時代初期阿利安人崇拜的神祇眾多，像是火神阿耆尼、雲雨雷電和戰神因陀羅等與自然環境相關的神祇。但在一連串的征戰和融合過程中，阿利安人也吸收了印度河的傳統神祇，最後形成以創造世界萬物的創造神婆羅摩（又稱梵天）、守護神毗濕奴和破壞之神濕婆為三大主神的信仰，因主持宗教祭典的僧侶為「婆羅門」而稱「婆羅門教」。

用皮膚顏色來區分階級

在形成婆羅門教的過程中，阿利安人也逐漸建立一種穩固其統治的社會制度。阿利安人遷入印度初期，其部落已簡單分為三個階級，即剎帝利（武士和貴族）、婆羅門（祭司）和吠舍（平民），三者之間並無嚴格區分與限制，只是為了確認和推動經濟組織。然而，由於阿利安人在膚色、體型和原居住於此的達羅毗荼人（Dravdia）差別極大，達羅毗荼人皮膚較黑、體型較矮，阿利安人則是白種人，為了維持自身種族血統的純度和優越性，阿利安人便創立一套嚴格的社會制度，稱為「種姓制度」。

印度教的主要神祇

梵天
創造之神、智慧之神
- 傳說是由毗濕奴的肚臍生出來。
- 有四頭四臂，是東南亞一帶盛行的四面佛的由來。

毗濕奴
守護之神
- 藍皮膚為其最大特徵。
- 傳說曾打敗濕婆，制止祂在火中跳舞，想毀掉全世界的念頭。

濕婆
毀滅之神
- 有日、月、水、火等8種化身。
- 與梵天較量誰比較厲害，結果將梵天原先的五顆頭砍掉一個成為四頭。

 夫妻

 夫妻

 夫妻

辯才（妙音）天女
智慧女神
- 最早是古印度時代非常重要的撒拉瓦蒂河的河神。
- 擁有四隻手，其中兩隻在演奏維納琴，另外兩隻拿經典及念珠。

吉祥天女
幸福女神
- 主要形象是四手，二手持蓮花、二手撒錢。
- 吉祥天女時常與毗濕奴一起出現，並隨毗濕奴變換形體時一起變化。

雪山神女
喜馬拉雅山之神
- 妹妹是恆河女神，姊妹反映出古印度的自然信仰。
- 濕婆因前妻為祂而死耿耿於懷，雪山神女耗費極大心力才成為祂的妻子。

「種姓」在梵語中稱為「瓦爾納」，有「顏色」之意，顯示出這是一個以「顏色」為本，區分社會階層的制度，因此不但明定種族、階級的地位高低，亦嚴格規定職業與階級世襲，不能變動，並禁止通婚。

婆羅門教的種姓制度中，階級最高的是「婆羅門」，他們握有神權，並且透過他們把神性傳給國王，國王才有統治權，因此地位最高。地位次之的是王室和武士階級的「剎帝利」，而後是「吠舍」（平民），吠舍的地位比前兩者低很多。除了原本的三個階級之外，膚色與阿利安人不同的達羅毗荼人被稱為「首陀羅」，地位最低。每一個階級之間，又分有許多階層，階層多達上千種，而且每個階層之間有不同的規範與禁忌，造成印度社會不同階級之間的隔閡與階級意識。

位於最高階層的僧侶階級，也透過婆羅門教詩歌傳頌種姓制度。他們向眾人傳遞神創造眾人的神話，神將原始巨人普魯沙分割之後創造出世人，普魯沙的口成為婆羅門，手臂是剎帝利，大腿成為吠舍，而首陀羅只是從腳創造出來的，所以地位最低。

勢力一度衰落

婆羅門教最早可追溯到西元前二千年，也就是吠陀時期。而在西元前六世紀至西元四世紀勢力達到最鼎盛。但種姓制度所帶來的階級不平

等，使它的地位開始產生動搖，西元前六世紀時，開始有社會改革的呼聲出現，繼而產生各種新宗教或新派別，如佛教與耆那教，史稱「沙門新思潮」。

在這波改革風潮下誕生的佛教，在西元前三世紀時因有孔雀王朝阿育王的大力提倡，勢力開始有很大幅度的增長，不但成為印度最興盛的宗教，也開始傳播至中亞、中國等地，婆羅門教勢力一度非常衰微。但在西元八、九世紀時，婆羅門教開始吸收他教精華，並經過商羯羅（Adi Shankara）的改革及集大成，勢力再度恢復，逐漸形成我們今日所熟知的印度教，因此印度教在教義上與婆羅門教差異不大。

此外，雖然印度獨立之後，政府已明令廢除種姓制度，也改善低層民眾的生活，然而，長久以來無形中形成對低層民眾的歧視態度卻還是依然存在，並為印度社會帶來一定程度的困擾。

種姓制度

婆羅門教傳說婆羅門是由神自原始巨人的口創造出來的，最為尊貴。手臂是剎帝利，大腿成為吠舍，而首陀羅是腳創造出來的，最低微。

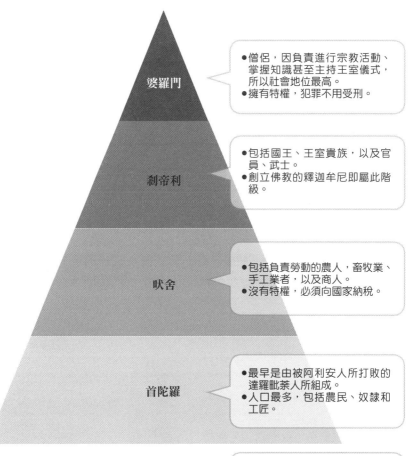

婆羅門
- 僧侶，因負責進行宗教活動、掌握知識甚至主持王室儀式，所以社會地位最高。
- 擁有特權，犯罪不用受刑。

剎帝利
- 包括國王、王室貴族，以及官員、武士。
- 創立佛教的釋迦牟尼即屬此階級。

吠舍
- 包括負責勞動的農人，畜牧業、手工業者，以及商人。
- 沒有特權，必須向國家納稅。

首陀羅
- 最早是由被阿利安人所打敗的達羅毗荼人所組成。
- 人口最多，包括農民、奴隸和工匠。

不可觸者（賤民）
- 被排除於四大階級之外的賤民，包括阿利安人與達羅毗荼人通婚的後代，以及罪犯、戰俘等。
- 完全沒有社會地位，不受法律保護。

慈悲王子自願受苦，提倡眾生平等

為消彌社會不對等的情形，釋迦牟尼在經過一連串的苦行及靜思後，創立了佛教。隨後佛教在阿育王的提倡下向四周鄰國發展，終至成為世界性的宗教。

拋家棄子只為尋求人生解答

婆羅門在宗教和種姓制度的扶持下，掌握印度的宗教、法律與教育等特權，人數最多卻位居底層的吠舍與首陀羅則受到許多限制，隨著政治與經濟的發展，催化社會衝突，刺激許多人反對和思考改革，其中之一即是佛教。

佛教創立者釋迦牟尼，原名喬達摩・悉達多，是印度北部古王國的王子，屬於王公貴族的「剎帝利」階級，從小養尊處優，卻在某次外出時看見百姓過著貧苦的生活，大受震撼，又在見識到人世間的生老病死後，對人生產生極大的困惑，而決定放棄王位、離開妻兒，出宮尋求問題的解答。

釋迦牟尼先追隨婆羅門教研究哲學，卻發現婆羅門教的教義無助於世人超脫悲苦，且階級之分更是百姓痛苦的根源。因而又花了六年的時間苦行，過著禁慾和挨餓的痛苦生活，但也無助於找到超脫人生苦痛的解答。後來在菩提樹下靜心打坐七天後，終於頓悟人活在世間就是受苦的過程，而痛苦的產生來自於人的慾望，且前世所種下的因也會成為今世所嚐到的果，只有克服內心的慾望，不斷修行達到「涅槃」的境界，才能脫離痛苦的枷鎖，結束永無休止的輪迴。

頓悟後的釋迦牟尼開始傳教，加上對種姓制度持否定態度，因而吸引許多下層民眾，甚至信徒從平民延伸到貴族階層。

佛教向外傳播

因受到希臘文化影響而出現佛教犍陀羅藝術。

中亞
巴基斯坦

西元前三世紀，孔雀王朝的阿育王推動佛教發展，佛教開始從首都巴塔利普特拉向外傳播，成為世界性的宗教。

印度

阿育王派其子至今斯里蘭卡傳教，斯里蘭卡因而成為南傳佛教的基地。

阿育王向外傳播佛教

佛教創立之時，婆羅門教的勢力仍很興盛，直到孔雀王朝時，因阿育王大力推廣佛教，興建佛寺、佛塔以及整理編纂佛教經典，確立佛教《經》、《律》、《論》三部經典，才使佛教傳播至印度全境。阿育王尤其鼓勵傳教者向外傳教，派出許多使節團向鄰國宣揚教義，包括中國、斯里蘭卡、朝鮮、日本、西藏、蒙古等地，使佛教成為世界性的宗教。直至今日，佛教在這些地方仍是主要的宗教信仰，如中國自漢朝傳入佛教至今，已有兩千多年，至今仍是中國主要信仰。

佛教也歷經多次的分裂，最後分為上座部佛教（南傳佛教）和大乘佛教（北傳佛教），北傳佛教又可分為傳入中國的漢傳佛教、傳入西藏的藏傳佛教，和傳入日本的日本佛教等。雖然佛教影響力擴及世界各地，但在印度因十二世紀至十三世紀時伊斯蘭教徒統治的破壞，使得佛教逐漸式微。

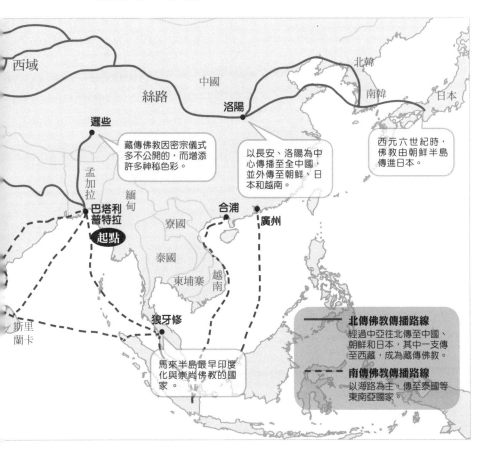

西域　中國　絲路　洛陽　北韓　南韓　日本

邏些

藏傳佛教因密宗儀式多不公開的，而增添許多神秘色彩。

以長安、洛陽為中心傳播至全中國，並外傳至朝鮮、日本和越南。

西元六世紀時，佛教由朝鮮半島傳進日本。

孟加拉　緬甸

巴塔利普特拉 起點

寮國　合浦　廣州

泰國　越南　柬埔寨

狼牙修

斯里蘭卡

馬來半島最早印度化與崇尚佛教的國家。

──── 北傳佛教傳播路線
經過中亞往北傳至中國、朝鮮和日本，其中一支傳至西藏，成為藏傳佛教。

------ 南傳佛教傳播路線
以海路為主，傳至泰國等東南亞國家。

第五篇

西元前6000年～西元前256年
中國文明

世界唯一未曾中斷的古文明。

中國南部為世界最早稻米栽種區。

甲骨文是目前已知中國最早的文字系統。

起源於黃河流域的中國古文明，是世界發展於大河流域的古文明之一，相較於其他古文明的消失滅絕，中國古文明雖然歷經多次改朝換代，文明卻未曾斷絕。多處考古遺址的發現，證明在此長達5000年的文明進程中，中國文明已有雄偉的宮殿建築、發展成熟的文字系統、墓葬文化以及精湛的青銅器文化，對於後代有重要的影響。

中國青銅器的樣式及種類均冠於世界。

商朝時期的曆法規則沿用至今。

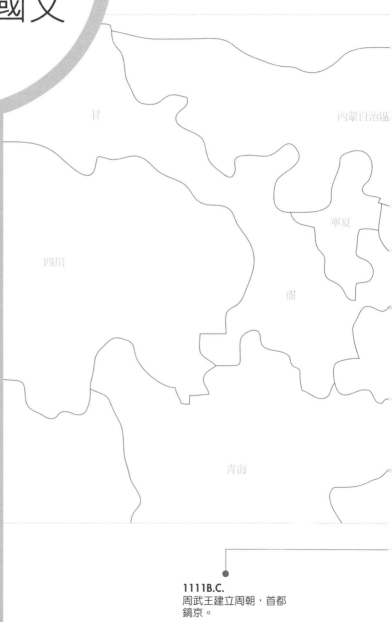

綿延不絕的中國文明

長達五千年的中國古文明，雖歷經多次改朝換代與民族融合，但文明持續至今未曾斷絕。不僅有全世界最早的稻米種植紀錄、雄偉的建築宮殿，還有工藝精湛的青銅器文化，形制與種類的多元是其他地區所望塵莫及的。

甘

內蒙自治區

寧夏

四川

肅

青海

1111B.C.
周武王建立周朝，首都鎬京。

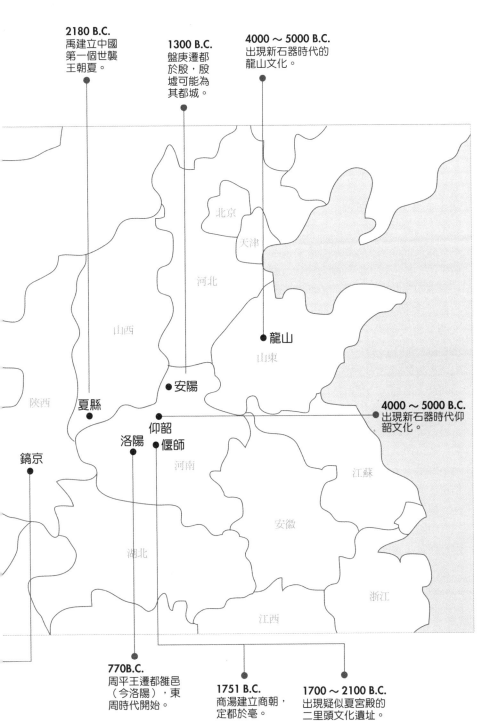

2180 B.C.
禹建立中國
第一個世襲
王朝夏。

1300 B.C.
盤庚遷都
於殷，殷
墟可能為
其都城。

4000 ～ 5000 B.C.
出現新石器時代的
龍山文化。

北京

天津

河北

山西

● 龍山

山東

陝西

● 夏縣

● 安陽

仰韶
● 偃師

● 洛陽

鎬京

河南

江蘇

4000 ～ 5000 B.C.
出現新石器時代仰
韶文化。

湖北

安徽

江西

浙江

770B.C.
周平王遷都雒邑
（今洛陽），東
周時代開始。

1751 B.C.
商湯建立商朝，
定都於亳。

1700 ～ 2100 B.C.
出現疑似夏宮殿的
二里頭文化遺址。

*B.C. 表示西元前，A.D. 表示西元後。

◆文明的起源
在黃河流域中誕生華夏民族文明

中國文明最早以漢民族為主體，在黃河流域產生以小米為主食的文明。隨著與四周民族征戰、交流而吸收其文化，形成與其他文明有別、可綿延數千年的悠久文明。

滾滾黃沙誕生的農耕文明

中國和埃及、兩河流域和印度古文明一樣起源於大河流域，最早的中國文明即是由來自黃河。黃河中游流經黃土高原，使河水含有大量黃沙，雖然經常氾濫成災，但也形成不少沖積平原，加上黃土肥沃適合農作，因此早在西元前一萬年黃河流域進入新石器時代時，即已發展出高度的農業文明；西元前六千年更形成許多部落，黃河從中游到下游都有重要遺址出土，包括陝西的半坡遺址、河南的仰韶文化遺址、山東的龍山文化遺址皆屬於此時期的重要文化代表。

自古以來，中國文化的發展以北方的黃河流域（又稱為中原地區）為主要重心，居住於此的民族以漢族為主，他們自認為是炎帝和黃帝的子孫，稱為「炎黃子孫」。此外後來禹建立中國第一個王朝夏朝，所以後人也自詡為是夏朝後人，而有「華夏民族」、「諸夏」等名詞的出現，並用此名詞來區別鄰近的民族，以表示中原地區的文化優越性。

歷久不衰的文化大國

中國的地理位置距離其他主要的古文明較遠，除了北方游牧民族和南方少數民族之外，與其他文明的接觸較不密集，因而這種地理隔絕性下發展出自己的文明。

相較於埃及、印度河流域、兩河流域等其他地區的文明因外族入侵等原因而中斷，中國文明反而延續了幾千年之久，反映出中國地理位置的隔絕性和文化在歷史發展過程中不斷進行融合的過程。

在中國古文明發展的過程中，相較於四周的匈奴、鮮卑、羌等民族，漢族是最早發展出高度文明的民族，不僅最早開始懂得耕作，也最早使用文字，其一方面與北方草原游牧民族爭奪黃河流域，一面也吸收和融合北方民族的優點，如馴馬、騎射技術，並將文化傳播到中國其他地區。後來再吸收南方長江流域的稻作文化，不同民族文化互相影響，使中國文明經過不斷融合、交流、去蕪存菁之後，文化更為成熟。

中國文明大事　　　　世界大事

6000 B.C.
6000 B.C.
陝西半坡遺址出現

新石器時代（三皇時代）

5000 B.C.

5000~4000 B.C.
黃河流域出現仰韶
文化、龍山文化

4000 B.C.
4000 B.C.
4000 B.C.
長江流域出現河姆
渡稻作文化

3100 B.C.
孟尼斯統一埃及

3100 B.C.
3000 B.C.
3000 B.C.
蘇美人已建立城市國家

五帝時代

2500 B.C.
印度哈拉帕文明出現

2180 B.C.
2180 B.C.
2180 B.C.
夏朝開始

2000 B.C.
1900 B.C.
希臘出現邁諾安文明

夏朝
2100~1700 B.C.
河南二里頭文化出現

1792 B.C.
漢摩拉比統治巴比倫

1751 B.C.
1400 B.C.
亞述帝國建立

商朝
1200 B.C.
特洛伊戰爭

1000 B.C.
1111 B.C.
753 B.C.
羅馬建國

周朝
770 B.C.
進入春秋時代

528 B.C.
釋迦牟尼創立佛教

403 B.C.
進入戰國時代

324 B.C.
亞歷山大建立大帝國

202 B.C.

1 A.D.

*B.C. 表示西元前，A.D. 表示西元後。

◆神話傳說

三皇五帝是中國歷史的起源

「三皇」反映人們的文化進展，包括解釋人類起源的女媧、解釋人類生活起源的伏羲氏與神農氏。「五帝」則是從公認的始祖黃帝開始，形構中國最早期的歷史發展。

傳說女媧為人類始祖

相傳原始的世界是一片混沌，沒有天地之分，直到盤古開天闢地，創造天地山河後，大地才有了初始的面貌。此後有「三皇」為人類文明提出貢獻。首先是女媧，在盤古開天後，女媧以黃河的泥土創造了人類，並制定婚嫁，讓人類得以延續生命。以及女媧的兄長、同時也是其丈夫的伏羲氏，則教人用繩子結網，以做為捕魚打獵的工具；並透過觀察日月星辰、天地萬物的變化來發明八卦，並藉此占卜吉凶，這兩項發明都延續至今。此外，有位氏族部落領袖神農氏，為使人們免於疾病之苦，親自走遍高山峻嶺、嚐遍各種草藥，即使多次中毒也不以為意，並記錄草藥特性，教人治病；又發明耕作的農具耒耜，教人耕種，在以身試毒的過程中身亡，被尊稱為農業和醫藥之神。

事實上，關於「三皇」是哪三位，中國史書中說法不一，亦有以教人鑽木取火的燧人氏或黃帝來取代女媧者，但不論是哪一種，皆反映出中國史前時代在不同階段的文化發展樣貌。

黃帝成為部落共主

早期中國並未建立一個統一的國家，而是各個氏族以部落的形式分散在各地，三皇時代即是如此。到了五帝時代，統一各部落聯盟的天下領袖出現，「五帝」就是指部落聯盟共主中最英明傑出者，分別為黃帝、顓頊、帝嚳、堯、舜。

相傳五帝之首的黃帝曾與炎帝共爭天下，取得勝利，又大戰蚩尤，統一中原各部族，成為天下共主。

根據史書記載，黃帝時期有許多重要發明，包括指南車、天干地支、養蠶織布等，這些都對人們的日常生活有重要貢獻。此後的部落共主皆為黃帝後裔，顓頊是黃帝之孫，帝嚳為黃帝之曾孫，兩人皆善於政事，將天下治理得井井有條。而賢能的堯與舜最廣為人知的是禪讓，堯晚年將帝位傳與以孝順聞名的舜。舜晚年也效法堯，禪位給禹，兩人都為後來的中國文人樹立了最理想的政治形態，即「選賢與能」。

對黃帝的崇敬早在先秦時期就已開始，然而黃帝是否真實存在，卻仍未證實。但後人推尊黃帝為祖先最大的意義，一是基於追根溯源、崇敬祖先的傳統，二是在討伐四方蠻族、統一建國大業時，做為凝聚與號召的力量。

傳說中的黃帝功績

創造文字
黃帝史官倉頡，在觀察天象及烏龜的足跡後創造文字。

發明指南車
相傳黃帝攻打蚩尤因濃霧看不清方向，而發明指南車。

黃帝

建造舟車
黃帝大臣共鼓、貨狄兩人刨削木材做船及楫。

建築宮室
黃帝命人砍伐木材，建造宮室，以避寒暑及燥濕。

制定曆法及干支
以天干配合地支，60 年為一循環。

養蠶織布
黃帝妻子嫘祖以蠶絲製布，並做成衣服。

約西元前 21 世紀～西元前 17 世紀 ◆ 夏朝興衰

禹建立中國第一個王朝

夏朝是中國歷史上第一個開創世襲制度的朝代，因而備受後世尊崇，雖然沒有直接的文字證實，但二里頭遺址和多部史書記載，都讓學者相信夏朝確實存在。

大禹因治水而取得帝位

黃河發源自高山，流經黃土高原時又夾帶大量泥沙，所以當流至下游時容易因坡度驟緩而大量堆積，在歷史上不僅經常潰堤氾濫，又有多次大規模改道的紀錄，讓兩岸的居民飽受水患之苦。

中國早在堯舜時即有相關的治水工程，堯在位時用鯀治理水患，鯀以防堵的方式來阻擋水患，卻造成黃河沖垮堤防，帶來更嚴重的災情。舜繼位後，命隨父親治水多年的禹繼續治水，禹改變父親的做法，先觀察災區地勢，修築河道，再以疏通、引導的方式治理水患，經過十幾年，終於成功將河水引至大海，解決水患問題，禹為了治水，甚至經過家門卻無暇進入，因而留下「三過家門而不入」的故事。除了治水，禹也平定南方三苗、九黎等外族侵擾，獲得「大禹」稱號，舜晚年便將帝位禪讓給他。

黃河的水患自古以來即是中國統治者最頭痛的問題，歷史記載早在堯舜時期即已治理洪水，並有相關的治水工程，大禹更因為治水有功而得到帝位，可知治水工程在當時中國的重要性，也反映百姓內心對於治水成功的渴求與期待。

大禹開啟中國世襲王朝

禹即位之後，建都安邑（今山西省），國號「夏」。他晚年時原想將帝位禪讓給賢能之人，但眾人卻擁戴其子啟，因此禹便將帝位傳給他，啟死後也將帝位傳給自己的兒子，開啟中國數千年來「父死子繼、兄終弟及」的世襲制度，也建立中國第一個王朝，從此「傳子不傳賢」，宣告政治體制從過去的「公天下」改為「家天下」，形成「國家」就是「家國」的概念。夏朝的官制、封建制度，後來也成為商朝、周朝發展的基礎。

夏朝既為中國第一個朝代，在中國人心中具有崇高的地位，周朝人便自稱「諸夏」，意指自己是中原地區承繼夏朝而來的正統王朝，用以區隔四周外族。除此之外，還有「華夏」的稱號。有人認為，這是崇尚文化的周人自認自身文化的高尚華美而創造的詞語，同樣具有中原民族的文化優越意識。從此，華夏成了中原民族和中國的代名詞。

夏朝一度無王，直到少康中興

夏朝國勢在啟之後因繼位君主多荒廢政事而逐漸走下坡，政權旁落他人，直到少康中興才重新復國。少康及其後代除了使夏朝國力再度興

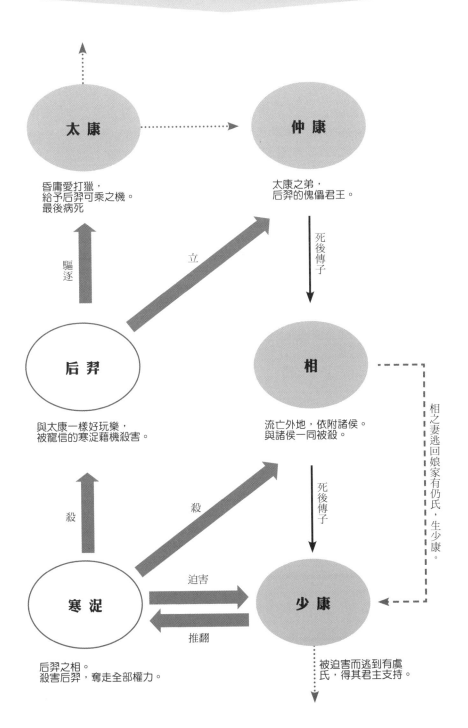

太康

昏庸愛打獵，
給予后羿可乘之機。
最後病死

仲康

太康之弟，
后羿的傀儡君王。

驅逐

立

死後傳子

后羿

與太康一樣好玩樂，
被寵信的寒浞藉機殺害。

相

流亡外地，依附諸侯。
與諸侯一同被殺。

相之妻逃回娘家有仍氏，生少康。

死後傳子

殺

殺

寒浞

后羿之相。
殺害后羿，奪走全部權力。

迫害

推翻

少康

被迫害而逃到有虞氏，得其君主支持。

盛，也平定四方少數民族，使各族與夏朝和平共處，並逐漸產生融合。中國文明曾歷經多次民族融合，第一次的民族融合就是從上古的五帝時期開始，中原民族與四方蠻夷戎狄透過通婚、征戰、文化交流等方式逐漸融合，一直到夏、商、周。

少康之後的幾代君王尚能承繼前人功業，但傳至第十四代君王孔甲後，因孔甲沉迷於淫亂之事，又迷信方術鬼神，疏於治理國事，而大失民心，使國勢再度衰落。最後傳至史上著名暴君桀（履癸），他荒淫無道、終日飲酒作樂，又經常征討四周部族，還多次藉口征伐他國而奪人妻女，引起各部族不滿，最後在以「商」的領袖湯為主的革命下被推翻，正式結束夏朝的統治。

二里頭有夏朝宮殿出土

目前中國發現最早的文字是商朝的甲骨文，商朝之前的夏朝則缺乏直接的文字史料佐證，意味著「信史」（可信的歷史）是從商朝開始，因此有關夏朝的歷史，都只能從靠後人記述的《尚書》、《史記》等史書得知，因此其歷史真實存在性始終存在爭議。但二里頭遺址的發現，讓夏朝存在的可能性大為增加。

一九五九年，中國史學家在河南省偃師市的二里頭村發現一處大型遺址，距今約三千八百到三千五百年，約在夏朝的紀年範圍內，加上遺址位置亦位於文獻中所記載的夏朝中心地區，因此雖未有直接的文字資料證實其與夏朝的關係，但學者多認為此處遺址應是夏朝中晚期過渡到商朝的一座城市都邑。經過持續不斷地挖掘，遺址出土大型的宮殿基地，還有墓葬、製陶、鑄銅工作坊等，以及大量文物如石器、青銅器、玉器等。這座大型宮殿遺址可說是中國至今發現最早的宮殿，因而被中國學者稱為「華夏第一都」。宮殿具有相當規模，有三條南北向寬闊的大道組成道路網絡，內有住宅區、作坊區，顯示出經過安排規畫的城內布局。

一號宮殿

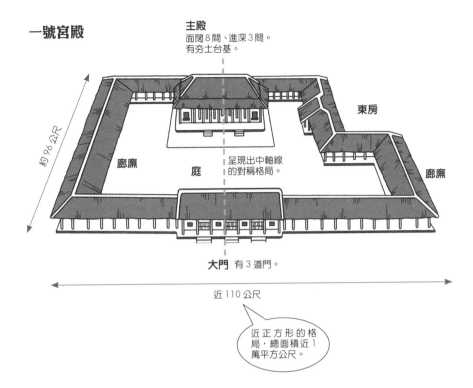

主殿
面闊8間、進深3間。
有夯土台基。

東房

約96公尺

廊廡

庭

呈現出中軸線
的對稱格局。

廊廡

大門 有3道門。

近110公尺

近正方形的格
局，總面積近1
萬平方公尺。

二號宮殿

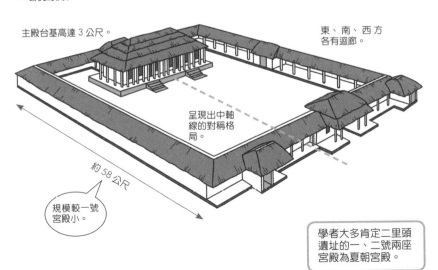

主殿台基高達3公尺。

東、南、西方
各有迴廊。

呈現出中軸
線的對稱格
局。

約58公尺

規模較一號
宮殿小。

學者大多肯定二里頭
遺址的一、二號兩座
宮殿為夏朝宮殿。

約西元前 18 世紀~西元前 11 世紀◆殷商的興衰

中國第一個具有文字記載的朝代

商朝除了是中國歷史上第一個有文字發現的朝代，也是第一個經由革命建立國家的朝代。商朝在盤庚遷殷後，終於定居下來並開啟盛世，成就影響後世深遠的文化。

不斷遷都的朝代

根據漢朝司馬遷的《史記》記載，商朝的祖先為「契」也是黃帝後代，因參與大禹治水立下大功，被舜封為諸侯，並賜封「商」地（今陝西商山）。夏朝末年，國君夏桀昏庸無道，招致各部落不滿，契的後代「湯」趁此機會壯大勢力、網羅各路人才，加上商湯仁慈愛民，很快成為眾人歸順的對象。等時機成熟，商湯便以

商朝前期遷都與歷史發展關聯

盤庚遷殷
從此不再遷都，社會穩定，經濟蓬勃發展。
武丁時四處征討，國勢達到鼎盛。武丁死後，商朝逐漸中衰。

祖乙遷邢
祖乙得到群臣支持，政局穩定，堪稱中興。

亶甲遷相
亶甲奪位而遷都於此，導致政治混亂而衰落。

河 北

山 西

邢
（今河北邢台）❺

殷
（今河南安陽）❼

相
（今河南安陽）❸

河

庇
（今山東鄆城）❹

奄❻

囂
（今河南滎陽）❷

黃

亳（今河南鄭州）❶

河 南

安 徽

仲丁遷囂
仲丁奪位引起諸侯眾怒，侵犯京都，因而遷都。

商湯遷亳
湯將首都遷至亳後，建立商朝，但商朝此後卻歷經 2 次衰敗又復興。

「順應天命」為由，號召各部族推翻夏桀統治，建立新的王朝——商，從此中國歷朝各代的更迭多為人民無法忍受前朝君主的失德，起而推翻再建立新的朝代，稱為「革命」，而商湯推翻夏桀更被視為中國歷史上第一次革命，史稱「商湯革命」。

然而，商朝建立後，初期政局卻不穩定。即使商湯建國定都於亳（亳的具體位置至今仍有多種說法，一說為河南省商丘，另一說為河南省偃師）後，也仍經歷五次遷都。這是由於商朝統治區域主要在黃河下游，都城多位於河濱，因此常因洪水氾濫而遷都；此外學者也認為與外族入侵、政局動盪、王位紛爭、更換耕地等原因有關，商朝君王透過遷都的方式，來掌握地利、削減其他人勢力。然而，多次遷都不僅造成百姓生活無法安定、怨聲四起，更造成商朝政權的不穩定。直到盤庚將首都遷至位於黃河北岸的殷（今河南省安陽市），殷遠離黃河下游決口，加上地勢平坦、土壤肥沃，適合耕種，從此改變商朝遷移流動的命運，長達兩百多年的時間商朝不再遷都，社會、經濟均得以在穩定的環境下成長。因此，商朝又稱為「殷商」。

不少君王打造盛世

商湯之所以能凝聚民心，成功推翻夏桀統治並奠定商朝建立的基礎，最關鍵因素便是其仁德之心。在《史記・殷本紀》中亦記載其「網開一面」的故事，商湯在野外看見獵人將四個方位都張滿網，意圖捕盡所有的鳥禽，便勸他撤去三面，僅開一面。除了商湯的仁德，賢相伊尹的輔佐亦使商朝在初期國勢日益強盛，商湯去世後，伊尹亦輔佐繼任的君主太甲政事，維持了商朝長期盛世的局面。

「盤庚遷殷」可說是商朝政局

祖乙遷庇
《今本竹書紀年》記載他遷都至庇。

東山

黃海

今山東曲阜）

蘇江

‥‥‥現今省界

南庚遷奄
接連王位傳承紛爭，導致國勢再度衰落。

123

發展的重大轉捩點。盤庚即位前，商朝已因王位繼承問題與不斷發生的天災人禍，導致國勢逐漸衰落；盤庚繼位後，為改革這些沉積已久的問題，決定力排眾議，遷都到黃河以北的殷（今河南省安陽市），即使習於安逸的貴族因不願搬遷而群起反抗，也無法使其動搖。盤庚一一平定反對勢力，率領眾人渡過黃河，在殷定居下來。殷地勢平坦，適合耕種，農業因此興盛。盤庚又遵循湯的德政，安定民心，使商朝的社會經濟逐漸繁榮。之後的君主武丁在王后婦好的輔佐下發展軍隊，征討四方，使商朝國勢達於鼎盛。婦好既是武丁的王后，同時也是中國第一位女軍事家和將領，曾立下不少戰功，並擁有自己的封地，兩人感情相當密切，在甲骨文中有大量記載。

政治制度趨於完備

繼夏朝而起的商朝，其政治制度比夏朝更完整穩固。商朝的政治制度充分展現出「家天下」的特色，以君王為中心，再延伸至君王的家族，主要政權掌握在君王的親族手中，其他部落首領僅能擔任輔佐角色，地方則以封建制度分封諸侯來管轄。

夏、商、周三代都施行封建制度，早在五帝時代，部落共主即以分封制度統治其他部族。夏朝時封建制度有進一步的發展，諸侯有侯、伯兩個級別；商朝趨於完備，除了侯、伯，又有男、甸、衛，受封的諸侯擁有自己的領地，並可管理自己封地的子民、軍隊。

周朝時封建制度得到更進一步的落實，封建制度深入內部各地，但周朝也因四方諸侯勢力過大而瓦解，秦朝更是改行中央集權制，以去除封建制度的弊端，但封建制度的實施亦有其優勢，因次在秦朝之後，仍有朝代採用「分封土地」的方式來管理地方。

紂王因暴虐無道遭到推翻

商朝歷經六百多年的統治，末期君王多殘暴無道，國勢由盛轉衰，傳至商紂（帝辛）時，紂王沉溺於酒色，建造酒池肉林，終日享樂，又以殘酷的手段鎮壓反對勢力，如讓人被火燒的「炮烙」，或是把人曬成肉乾的「脯刑」，最終引起地方諸侯的反抗，其中周族領袖西伯同樣以仁政得到各方民心，實力大為增強，其子姬發（後來的周朝開國者周武王）繼承父志，重用姜太公、周公等賢人，並得各部落諸侯紛紛歸順，國家日益強大，最後在牧野之戰打敗紂王，商朝從此滅亡。

商朝主要官制

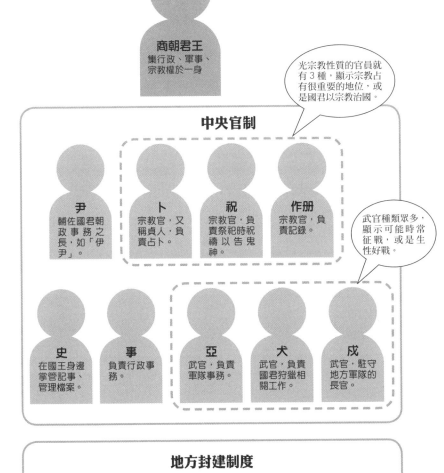

商朝君王
集行政、軍事、宗教權於一身

光宗教性質的官員就有 3 種，顯示宗教占有很重要的地位，或是國君以宗教治國。

中央官制

尹
輔佐國君朝政事務之長，如「伊尹」。

卜
宗教官，又稱貞人，負責占卜。

祝
宗教官，負責祭祀時祝禱以告鬼神。

作冊
宗教官，負責記錄。

武官種類眾多，顯示可能時常征戰，或是生性好戰。

史
在國王身邊掌管記事、管理檔案。

事
負責行政事務。

亞
武官，負責軍隊事務。

犬
武官，負責國君狩獵相關工作。

戍
武官，駐守地方軍隊的長官。

地方封建制度

侯
較大的諸侯

伯
一方的諸侯或是某部落的首領。

男
封地較小或較偏遠，多承擔王室雜務。

甸
替君王管理王田，封地小又遠。

衛
為國君守衛邊疆封地。

◆殷墟遺址

以青銅器和玉器表現身分尊貴

一九二〇年代發現的商朝都城遺址殷墟，有規模龐大的宮殿建築遺跡及器物，反映出商朝晚期豐富燦爛的文化，也可看出對中國王朝宮殿建築的影響。

首度證實史書中的朝代

清末民初中國曾掀起一股研究甲骨文的熱潮，在研究過程中發現甲骨文的來源是河南省安陽市西北郊的小屯村。因此一九二八年中央研究院歷史語言研究所組成考古隊，開始嘗試以西方考古學方法來挖掘掩蓋在地底下的遺跡時，即以小屯村為對象，並獲得重大成果。根據出土的甲骨文上所載內容，證實為商朝後期的都城——殷，因此一般稱為「殷墟」。殷墟的發現，證明文獻所載的商朝存在，甲骨文上的文字也證實這的確是商朝的歷史，而豐富的文物更讓後人能夠了解商朝的社會、文化、生活情形。最早這項考古工作由董作賓主持，一九二九年由李濟接替，到一九三七年已歷經十五次的挖掘，中途一度因中日八年抗戰而中斷，接著自一九五〇年又重新啟動，一直持續至二十一世紀，二〇〇六年殷墟由聯合國教科文組織指定為世界文化遺產。

此處遺址面積十分廣大，包含多處墓葬區、車馬坑、祭祀場所、作坊區和宮殿宗廟，並出土大量的甲骨文、青銅器、玉器、陶器、石器、禮器等文物。

推測商周文化間的傳承關係

殷墟出土的遺跡和文物種類豐富、數量可觀，記載甲骨文的龜甲、獸骨多達數萬片，青銅器、陶器、玉器等器物也有成千上萬件。商朝是青銅器發展高峰期，因此出土的青銅器數量眾多、紋飾華麗，且雕工

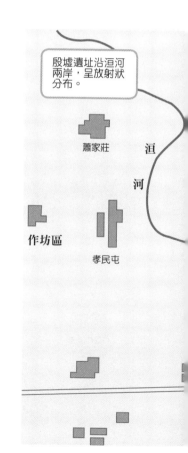

殷墟遺址內部平面圖

殷墟遺址沿洹河兩岸，呈放射狀分布。

蕭家莊

洹河

作坊區

孝民屯

細緻。青銅器種類眾多,有禮器、酒器、兵器、樂器、生活用具、裝飾品等,由此可見當時手工業技藝的精湛以及王室貴族生活的富裕。這些文物大多屬於陪葬品,如在武丁王后婦好的墳墓甚至出土多套禮器、酒器,顯示死者身分之尊貴,玉器出土數量達七百五十五件,是商代陵墓中玉器出土數量最多的,此外青銅器也有四百多件,數量不僅高於鄰近的陵墓且多為大型武器和禮器。除此之外,在祭祀坑和墓葬區也發現許多用來祭祀和陪葬的動物骨骸,甚至有殉葬的人骨,顯示自龍山文化以來所存在的陪葬文化至商朝晚期仍十分盛行。車馬坑則有整輛豪華的馬車(戰車)和馬匹殉葬,意在威震四方邪靈,並顯現王室身分的顯赫。這些商朝文物,從青銅器到喪葬文化,到西周都仍持續沿用,可見商朝對西周的深入影響。

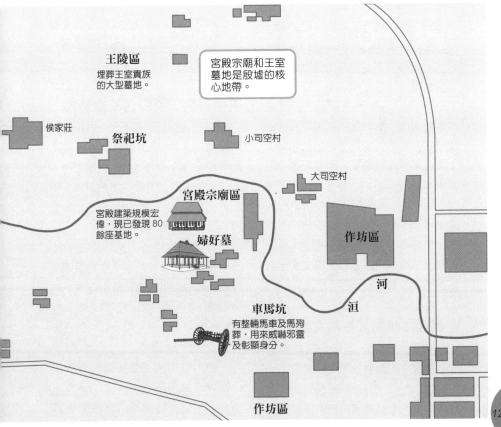

王陵區
埋葬王室貴族的大型墓地。

宮殿宗廟和王室墓地是殷墟的核心地帶。

侯家莊

祭祀坑

小司空村

大司空村

宮殿宗廟區
宮殿建築規模宏偉,現已發現 80 餘座基地。

作坊區

婦好墓

車馬坑
有整輛馬車及馬殉葬,用來威嚇邪靈及彰顯身分。

洹 河

作坊區

◆商朝文字的運用

一脈相承的中國文字系統

甲骨文的發現，使商朝從此成為可信的朝代，不再只停留於文獻記載；並記錄了當時的政治、社會、經濟、天文等情況，可說是內容相當豐富的珍貴史料。

中藥材「龍骨」所隱藏的祕密

甲骨文是目前中國所發現年代最早的文字系統，然而它的發現並非開始於考古遺址，而是始於中藥房。

一八九九年（清光緒二十五年），擅長研究青銅器和石碑銘文的金石學家王懿榮因病而使用人稱「龍骨」的藥材。「龍骨」是中醫對古代動物化石的稱呼，王懿榮與其友人劉鶚發現這些「龍骨」的細小紋路與青銅器上的刻文相仿，因而開始蒐集，此後經過無數學者探查，最終確定甲骨文來源為河南省安陽的小屯村。

一九二八年，中央研究院歷史語言研究所，正式在小屯村以現代科學考古方法進行開挖，短短九年間，不僅發現數萬片龜甲、獸骨，更發現商朝重要的都城——殷墟及其相關遺物，促使中外學者對甲骨進行更進一步的研究，甚至還成為當時的一門顯學，尤其是甲骨上的細小文字，被證實果真為商朝的占卜和記事文字，因寫於甲骨之上，人稱「甲骨文」。

已經發展相當成熟的文字系統

據學者研究，甲骨文已經脫離文字發展之初最原始的象形圖畫文字形式，出現簡單的長短線條勾勒文字外形，呈現出長形或方形的字型結構東漢學者許慎在其著作《說文解字》中，提出漢字有六種造字結構（六書），即象形、會意、形聲、指事、轉注、假借，而早在三千多年前的甲骨文即已包含了這六種形式，可說甲骨文是中國漢字發展的基礎，不僅如此，數千年來中國文字書寫的方式也不曾改變，依舊維持和甲骨文一樣由上至下、由右至左的書寫方向。因如此地一脈相承，所以甲骨文的解讀速度比兩河流域和埃及的文字都要來得快，總計在甲骨文上發現四千多字，已經能辨認其義的就有一千多字。

從甲骨文了解商代社會情形

商朝人習慣預知未來，也相信未來是可以占卜的方式預知，而甲骨文最早即是做為占卜結果的記錄之用，此外亦有少部分甲骨文用來記事，所以可藉由甲骨文來了解商代社會情形，是研究商朝的第一手史料。

從甲骨文中占卜文字所占的比例之大，可以發現商朝王室貴族極度仰賴鬼神的啟示。商朝統治者占卜的範圍從生老病死、農作狩獵，到氣候天象、征戰討伐等，幾乎到了無日不占、無事不卜的程度。

商人藉由火燒龜甲或獸骨所出現的裂紋來判斷吉凶。除了分析卜兆，商人還會將結果用刀刻的方式記錄下來，有時也會用筆沾硃砂、

墨書寫。而所問之事小至農事生產、疾病、分娩、天氣狀況，大至狩獵、戰爭都有，如武丁就曾因王后婦好牙疼，而占卜尋求神明及祖先的保佑。然而，商朝的占卜是專屬於王室的特權，由「貞人」集團負責執行，一般平民沒有占卜的權利，事實上，占卜正是商王的統治手段之一，如在出征行動前占卜請示祖先，讓出征行動更有依據和說服力。

此外，甲骨文也有許多觀測天象的記載，如月蝕或星象的變化，由此可知商朝在天文學的成就，商朝以天干地支記日，數字計月，並採用陰

甲骨文解讀

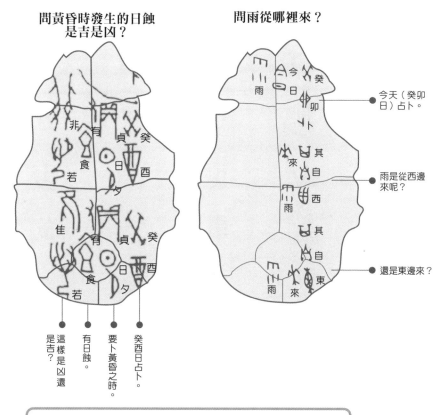

問黃昏時發生的日蝕是吉是凶？

- 這樣是凶還是吉？
- 有日蝕。
- 要卜黃昏之時。
- 癸酉日占卜。

問雨從哪裡來？

- 今天（癸卯日）占卜。
- 雨是從西邊來呢？
- 還是東邊來？

商朝人上從天文、下至地理，無所不卜，因此後人可從甲骨文得知商朝的政治、經濟、宗教、戰爭、天文曆法，甚至是地理與氣候情形。

陽曆合併的方式，陽曆以地球繞太陽一周為一年，陰曆以月亮繞地球一周為一年。陰曆訂大月為三十天，小月為二十九天，每月又分為三旬，一旬為十日，一年有十二個月，且有閏年和閏月的概念，但通常是在閏年的最後一個月置閏，稱為十三月，到了後期才出現年中即置閏的現象，商朝不少陰曆的觀念仍沿用至今。

中國文字早期的變化

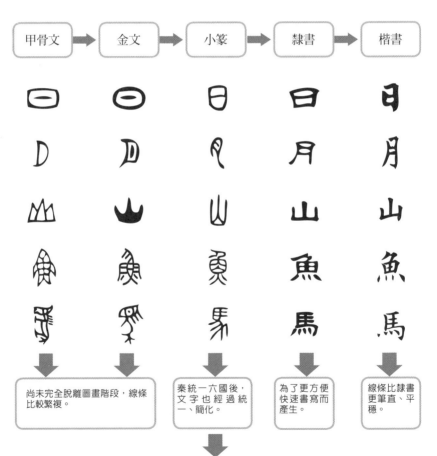

甲骨文 → 金文 → 小篆 → 隸書 → 楷書

尚未完全脫離圖畫階段，線條比較繁複。

秦統一六國後，文字也經過統一、簡化。

為了更方便快速書寫而產生。

線條比隸書更筆直、平穩。

漢字朝簡單化、符號化、一脈相承的方向發展。

做為溝通橋樑的金文

除甲骨文外，商朝還有一種「刻」在青銅器上的文字，稱為「金文」，又稱「銘文」或「鐘鼎文」（因「鐘鼎」為青銅器代表而得名）。此種文字起於商朝中後期，主要用來記錄王公貴族的活動，商王將青銅器賞賜給大臣、貴族後，受賜者在青銅器上寫下感謝君王或讚頌祖先功德的話，以茲紀念，而後金文又用於記錄各種狩獵、征戰、詔書、封誥、盟約、祭祀等。周朝時金文最為盛行，至秦朝時因統一使用小篆而沒落。金文在甲骨文的解讀過程中扮演關鍵性的角色。由於中國古體篆書與至今仍很常用的隸書、楷書最為相近，因此要解讀甲骨文，便需透過比對篆書。然而甲骨文的外形與篆書有一定的落差，此時介於篆書與甲骨文之間的金文，便成為解讀甲骨文最好的橋樑。

甲骨文的六書應用

象形	會意	形聲	假借	指事	轉注
日	明	河	正　假借為証	上	老
田	從	萌	右　假借為佑	下	考
牛	步	柄	鳳　假借為風	本	
魚	涉	洹	獸　假借為狩	朱	
車	眇	孟	亦　假借為夜	末	

甲骨文中「老」、「考」二字經常通用。

◆周朝的建立

用禮樂封建來穩定社稷

周公為穩定維繫周王室的統治而實施封建制度，並以宗法制度規範繼承資格，成為中國千百年來王朝血脈傳承的原則。

周公制禮作樂

周朝建國後，初期政局不穩，武王為穩固各方勢力，以及讓領土擴張，實施第一次封建，將自己宗室、功臣分封至東方和北方的交通與軍事要道，藉此屏藩王室，同時進行武裝移民。此外，因為建國初期還無法將殷商殘餘勢力消除，便將以紂王之子武庚為首的商朝殘餘勢力分封於朝歌（今河南），並派「三監」管叔、蔡叔和霍叔監視。但三監不滿成王即位後由周公輔佐政事，聯合武庚起兵作亂，稱為「三監之亂」。周公用三年時間東征，不僅殲滅叛軍勢力，也消滅其他小國，為周朝奠定長治久安的基礎。此後周朝勢力向東擴展，並建立東都。

三監亂平之後，為穩固周朝政局，周公制禮作樂，試圖透過井田、禮俗、樂舞等各種制度，訂定周朝各階級應遵守的禮儀、義務，並規定不得僭越，此後周朝政局趨於穩定，周成王和周康王在位期間，周朝社會安定，四十餘年未用刑罰，締造成康盛世。

從中央深入地方的統治方式

周公平定「三監之亂」後，實行第二次封建，將商朝舊有勢力分割遷移，重新分配土地。周公分封周朝的血親貴族、功臣為各地諸侯，而尊周朝天子為共主，並對周王室有其應盡的責任和義務，包括平日的服役和進貢，以及戰爭時接受軍隊的調派等。

除此之外，周公也賦予每個諸侯在自己領土內的實權，讓他們宛若一個小共主般，可以獨立掌握土地的政治、軍事和財務，並往下進行分封，因此，透過層層建立的封建制度，周朝的勢力就像樹根一樣盤根錯節地深入到全國，徹底瓦解殷商殘餘勢力，也可以掌握全國各地情勢，即「封建親戚，以藩屏周」。

歷經武王、成王兩代實施封建制度後，共分封七十多個諸侯國，政局大為穩定，而封建制度之所以鞏固的原因，在於它是立基於「宗法制度」上。宗法制度是一種繼承制度，從周朝天子到諸侯，再到以下的卿大夫，都是採世襲制，並由嫡長子（正妻所生之長子）繼承其位，其餘貴族後代就只能成為沒有封地的「士」，也是貴族的最低階。簡言之，封建制度維護的是社會的階級秩序，宗法制度則穩定了血緣上的倫理尊卑和繼承次序，是讓封建制度更加穩固的關鍵。

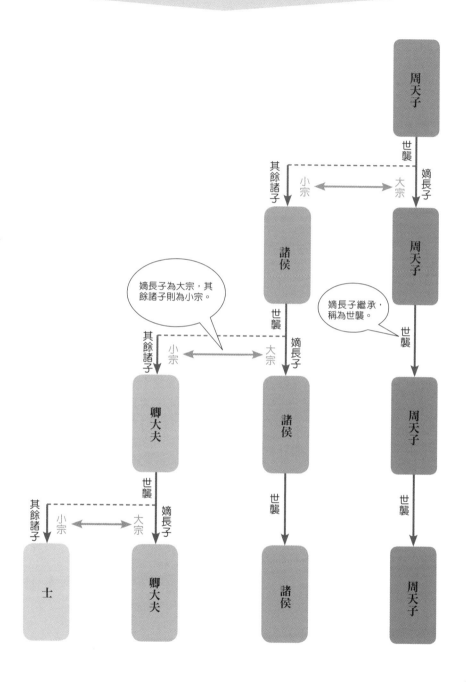

◆學術思想

國君求才若渴造就學說發達

周朝步入東周後，諸侯開始挑戰天子權威，並為爭奪霸主而致力於國家富強，不但造成社會地位流動，也激發出各種學術思想的誕生。

天子勢衰造成禮樂制度被破壞

周朝末年周幽王被外族犬戎殺害，其子宜臼率眾東遷，成為周平王，周朝從此步入與先前「西周」有別的「東周」時代。周平王即位時曾仰賴諸侯協助，因此威信大減，儼然失去天下共主的地位，各諸侯也開始挑戰天子權威，並致力於讓自己的國家富強，以爭奪霸主地位，造成社會階層開始流動。西元前四〇三年，又發生勢力最強的諸侯國晉國被一分為三的事件，即「三家分晉」，從此周朝天子的諸侯霸主地位更不再，各國之間的兼併更嚴重。

但這段群雄爭戰、社會不安的時期同時也是中國思想上的黃金時代，因為各國都想增強國勢以爭奪霸主地位或吞併他國，因此用人只問才能不問出身；平民百姓也希望能以自身才能受到國君賞賜，而提出自己的學說，形成各種學術門派。

諸子百花齊放的時代

各家思想中最主要者有儒、道、墨、法四家，直至現代仍對中國社會影響深遠，其中以孔子為代表的儒家思想甚至形構了整個中國社會的主體架構。

儒家有見社會秩序敗壞，希望力圖恢復周公所制定的社會秩序，因而崇尚禮樂、講究倫理，除了孔子，儒家還有主張「人性本善」的孟子、「人性本惡」的荀子等代表。

道家則主張萬事萬物有其自然發展的軌跡，過度干預反而會招致不好的結果，因此應順應萬物自然的變化、減消對外在物質的慾望，代表有提倡「清靜無為」的老子，以及擅長以寓言故事來寄託自身看法的莊子。

主張不分親疏兼愛世人為的墨家則認為應不計一切阻止戰爭的產生，因為不論勝敗哪一方都會在戰爭中折損，戰爭是最不利人們的事情，代表有奔波於各國之間，成功阻止多起戰事的墨子。

法家則以君主的利益為出發，主張君主應用法律、權術或國君自身的威勢來控制臣下，如此整個國家才會穩定，戰國時秦國正是採用法家學說轉而富強，並進一步統一天下。其他尚有陰陽家、名家、農家等。這些學說或多或少都曾經在中國古代政壇占有一席之地，但在西漢武帝獨尊儒術後，儒家便成為中國的主要學術思想。

春秋戰國時代的主要學術思想

儒家
代表：孔子、孟子、荀子。
主張：以「仁」為中心思想，崇尚禮樂，行忠恕之道。

道家
代表：老子、莊子。
主張：清靜無為、順其自然。

陰陽家
代表：鄒衍。
主張：萬物皆可以五行的循環解釋。

法家
代表：慎到、申不害、商鞅、韓非。
主張：君主以刑罰、威勢等手段控制人民。

名家
代表：公孫龍、惠施。
主張：探討「名」、「實」之間的關係。

墨家
代表：墨子。
主張：兼愛、非攻，維護和平。

縱橫家
代表：蘇秦、張儀。
主張：從事政治外交，為特定國家尋求最大利益。

雜家
代表：呂不韋。
主張：綜合各家所長，無獨創之學說。

農家
代表：許行。
主張：賢德的國君要與民一同耕作糧食。

＊尚有一家「小說家」，因記錄街訪巷弄間的道聽塗說而「不入流」。

◆青銅器
征戰宴會大量使用青銅器

青銅器以商朝時的意義最重大、藝術價值也最高。商代青銅器種類眾多,以象徵擁有者身分地位的禮器為最大特色,其中數量龐大的酒器更反映出商朝人的嗜酒文化。

青銅器在商代達於鼎盛

青銅器是一種紅銅與錫的合金,其出現便意味著該文明已進入金屬器時代。中國目前發現最早的青銅器是在甘肅的馬家窯文化出土,時值新石器時代晚期,仍以陶器為主,青銅器尚在發展階段,因此出土的青銅器規模小,無重大影響。

夏商周三代,青銅器發展步入鼎盛,在商朝以前出土的青銅器(學者推論為夏朝時期)形制尚稱簡單,多為小型工具,如刀、錐、鑿、鍼(小斧)等,另外有「爵」和「斝」等象徵身分的禮器和酒器,但製造技術尚未成熟,器物較不堅固,也不耐用。

商朝時則開始正式邁入高峰期,殷墟出土的青銅器數量超過萬件,種類也相當多元,包括各種禮器、兵器、裝飾品和食器、酒器等生活用具等,且器身上的紋飾相當華麗,多種動物鳥獸、大自然的抽象圖紋繁複出現,既神祕又莊嚴,在形制上也出現許多創新。西周時則開始轉趨簡樸,以實用為主。自夏朝至戰國,青銅器盛行一千五百多年,直到戰國、秦漢時因鐵器出現,逐漸被鐵器取代而沒落。

青銅器以禮器為最大特色

「國之大事,在祀與戎」意味著中國古代視祭祀和征戰為最重要的國家大事,此點可從青銅器看出端倪。殷墟出土的青銅器大多以禮器和兵器為主,禮器是指在祭祀、大型典禮、宴會等活動中所使用的器具,包括盛裝食物的食器、飲酒器、盛酒器,淨手用的水器以及典禮所用的各種樂器等,具有濃厚的宗教與政治意涵。相較於其他地區以兵器居多,禮器可說是中國青銅器最大的特色。

中國的青銅在兵器上的使用也十分普遍,由於青銅器製做兵器所需的時間較短,卻比石器更鋒利堅固,因而取代石器成為主要兵器,商朝也因發展出戈、鉞、劍、鏃、頭盔等各種製做精密的兵器,使戰力更勝以往,勢力大為擴張。

禮器和兵器除了實用性功能,也象徵使用者的身分地位和權力,尤以武器經常是兵權也是王權的象徵,因此多為王室貴族所擁有,或是做為其陪葬品之用,如殷墟婦好墓所出土的大型銅鉞,不僅是做戰時的武器,也是展現她軍隊統帥身分的儀仗。

青銅器製做的流程

製模
以泥土製做內模、雕刻花紋。

製範
在內模上塗上一層油,再用和好的泥料敷在外層,製成數塊「外範」。

留隙
將外範陰乾、內模刮去一層,使兩者合在一起時中間有一層縫隙。接著燒烤內模、外範,使其堅固。

合範、澆注
將內模、外範合起來,在注入口倒入青銅液。

完成
青銅液冷卻後,將外範打破,取出中間的青銅器,並掏出青銅器中間的內模,修整後即大功告成。

從青銅器看商朝嗜酒文化

《尚書》中有一篇《酒誥》，內容是周公告誡成王及眾人不要酗酒，尤其要以殷商為鑑，以避免步上商朝人因嗜酒成性而亡國的後塵，由此可知，商朝人飲酒之風十分盛行。商人對酒的大量使用，反映出商朝農業發達，已有多餘作物（黍）可釀酒的現象。不只特定節日，商朝人在日常生活中也好酒成性。除了自己飲用之外，商朝人也販售酒類商品，發展出一種特殊的農業經濟。

此外，從青銅器也可看出商人的愛酒之風。商朝人視酒器為禮器，用來祭祀祖先或宴會飲酒助興。分類又相當精細，分為爵、角、斝、觚和觥等飲酒器，以及尊、卣、壺、方彝、罍等盛酒器，有些酒器還有溫酒功能，顯見商朝對於飲酒的溫度和細節都很重視。而這些酒器在製做和設計上均十分精緻，雕工也很精美，造型更是千變萬化，足見商朝人對飲酒之事的講究與用心。此外酒器占商朝青銅器的比例極高，以殷墟婦好墓出土的青銅器為例，酒器數量就占了全部禮器的百分之七十，盛酒和飲酒的器具種類也多達十幾種。而不僅貴族，甚至一般平民的墳墓也有簡單的酒器出土。

但這種嗜酒文化隨著西周初年周公下令禁酒而使酒器的製造逐漸減少，青銅酒器和飲酒文化便成為商朝的專屬特色。

藝術與實用兼具的青銅器

商周青銅器也顯現出當時高度的工藝水平，商周青銅器除了種類眾多，讓人目不暇給外，其多變造型和滿布器身的紋飾也富含藝術性。這些滿布青銅器身的花紋式樣繁複、綺麗瑰異，多以雷紋或雲紋為底，再加上蛇、虎、夔龍等獨特的鳥獸紋，予人一種神祕莊嚴之感，其中最常見的獸面紋為饕餮紋。饕餮是中國古代傳說中的一種野獸，性格兇猛又愛貪吃，饕餮紋即是以牠的頭部特徵所衍生出來的裝飾圖案，為青銅器增添不少肅穆氛圍，有學者稱之為「猙獰之美」，是當時獨具特色的美學文化。此外，商朝人也將青銅器當做裝飾品，以雕工細緻的青銅器佐以綠松石等寶物，呈現出耀眼華麗的特色。

商周時也將文字刻在器身上，稱為銘文。銘文除表現出中國文字之美，後人也可根據銘文了解當時的生活，讓這些青銅器不僅有藝術價值，且具有一定的實用功能。

酒器種類圖

飲酒器　飲酒的容器，類似今日的酒杯。

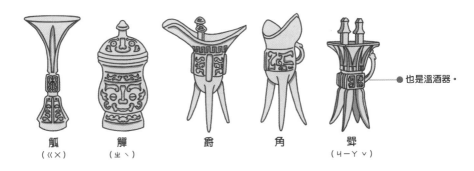

觚	觶	爵	角	斝
（ㄍㄨ）	（ㄓˋ）	（ㄐㄩㄝˊ）	（ㄐㄩㄝˊ）	（ㄐㄧㄚˇ）

● 也是溫酒器。

盛酒器　盛裝酒的容器，近似於今日的酒壺等。

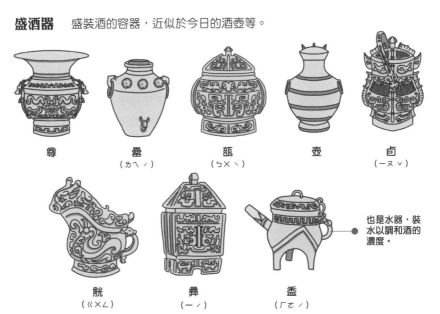

● 也是水器，裝水以調和酒的濃度。

挹酒器　用於將酒從盛酒器或溫酒器中汲取出，再倒入飲酒器中。

斗　　　　勺

第六篇

西元前31世紀～西元前2世紀

希臘文明

歐洲文明的先聲。

雅典民主為民主政治的起源。

泰利斯的思想是日後哲學的起源。

散布在地中海與愛琴海上的諸島嶼，在歐洲其他地區尚處於蠻荒時期時，已發展出成熟的青銅器文化，是歐洲最早發展出高度文明的地區。擅長航海貿易的希臘民族，長期接觸、學習來自西亞、埃及等地的文化，發展出自己的文明，不論在文學、建築、繪畫、藝術、哲學、政治等各方面都有精湛優越的表現，而後希臘文化傳至歐洲各地，對歐洲文化產生深遠的影響。

神話故事是西方藝術的源泉。

悲喜劇是西方戲劇的起源。

西方文化的起源

歐洲最早發展出高度文明的地區在愛琴海諸島與希臘半島，因此這裡也是西方文明的源頭。希臘城邦政治、神話故事、悲喜戲劇、與哲學思想深深影響日後的歐洲，乃至全世界，奧運更是現在全球四年一度的運動盛事。

359 B.C.
腓力二世即位，
馬其頓王國崛起

1600 B.C.
歐洲本土最早的文
明邁錫尼文明興起

776 B.C.
舉行已知最早的奧
林匹亞運動會。

奧林匹亞

西元前 6 世紀
斯巴達組織與
雅典相抗的伯
羅奔尼撒同盟

地 中 海

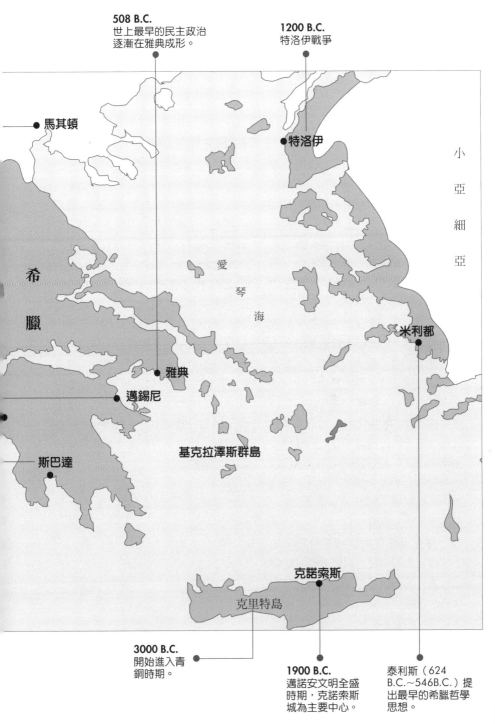

508 B.C.
世上最早的民主政治
逐漸在雅典成形。

1200 B.C.
特洛伊戰爭

馬其頓

特洛伊

小亞細亞

希臘

愛琴海

米利都

雅典

邁錫尼

斯巴達

基克拉澤斯群島

克諾索斯

克里特島

3000 B.C.
開始進入青
銅時期。

1900 B.C.
邁諾安文明全盛
時期，克諾索斯
城為主要中心。

泰利斯（624
B.C.~546B.C.）提
出最早的希臘哲學
思想。

143

*B.C. 表示西元前，A.D. 表示西元後。

◆文明的發展

從克里特島發展起的海洋文明

西元前三千年，地中海與愛琴海地區逐漸發展出獨特的海洋文明，先是以克里特為中心發展出邁諾安文明，之後逐漸往希臘本島發展，成為西方文化的源頭。

錯綜分布的地中海島嶼

古希臘文明發展的地理環境與其他大河流域文明明顯不同。古希臘文明文明起源於散布在地中海與愛琴海的眾多小島上，此區地勢山多平原少，土地並不肥沃，加上地中海型氣候，夏天乾燥炎熱，冬天才有雨，雨季與作物生長季節並不相符，無法像其他大河流域文明仰賴糧食作物生產，雖有小麥、大麥穀物種植，但數量明顯不足，糧食必須仰賴進口。

但從另外一個角度來看，本區因屬地中海型氣候，陽光充足，十分適合水果的種植，橄欖和葡萄成為此區重要經濟作物和輸出品。加上本區位於小亞細亞和巴爾幹半島間的愛琴海和地中海上，北是歐洲大陸，南以地中海與埃及相隔，向東可前進小亞細亞和兩河流域，可說是接觸歐、亞、非三洲的交通要道。

特殊自然環境與地理位置，加上地中海海面平穩、易於航行，便利的航運，易與鄰近地區的文明交流、貿易，並吸收他國的文化，自然成為文化發展的重要關鍵，發展出仰賴海洋的海洋文明。錯綜分割的島嶼，也使得政治上不易統一，發展出各自獨立的城邦政治體系。

歐洲文化的開端

古希臘的文明發展，主要由三個區域間的競爭與往來所開展而來。最早是愛琴海的克里特島、基克拉澤斯群島，接著是代表希臘本土勢力的邁錫尼，以及位於愛琴海東邊、土耳其東北部的特洛伊。

自西元前三千年至西元前二世紀希臘成為羅馬屬地之前，希臘一直是歐洲地區文化發展最燦爛的地方，有世界上最早的民主政治，對日後的歐洲政治有深遠的影響。此外，豐富的神話和宗教信仰也促成藝術的興起。在藝術文化的表現上，不論建築、繪畫、雕刻和哲學思想都有精彩的表現，成為西方藝術文化的開端和發展的基礎。

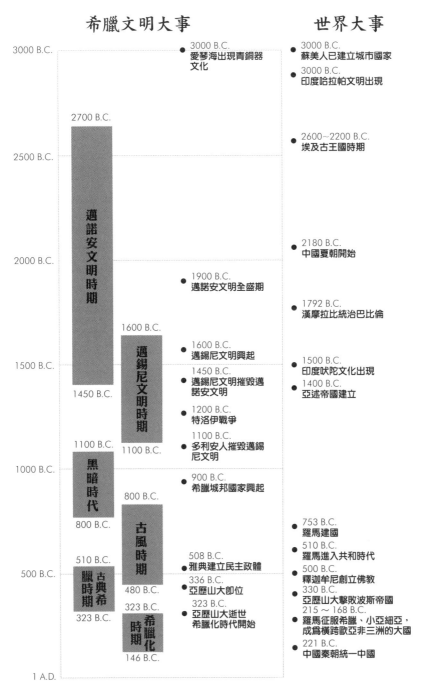

希臘文明大事

世界大事

3000 B.C.

● 3000 B.C.
愛琴海出現青銅器文化

● 3000 B.C.
蘇美人已建立城市國家

● 3000 B.C.
印度哈拉帕文明出現

2700 B.C.

2500 B.C.

● 2600~2200 B.C.
埃及古王國時期

邁諾安文明時期

2000 B.C.

● 2180 B.C.
中國夏朝開始

● 1900 B.C.
邁諾安文明全盛期

● 1792 B.C.
漢摩拉比統治巴比倫

1600 B.C.

1500 B.C.

1450 B.C.

邁錫尼文明時期

● 1600 B.C.
邁錫尼文明興起

● 1500 B.C.
印度吠陀文化出現

● 1450 B.C.
邁錫尼文明摧毀邁諾安文明

● 1400 B.C.
亞述帝國建立

● 1200 B.C.
特洛伊戰爭

1100 B.C.

1100 B.C.

● 1100 B.C.
多利安人摧毀邁錫尼文明

1000 B.C.

黑暗時代

● 900 B.C.
希臘城邦國家興起

800 B.C.

800 B.C.

古風時期

● 753 B.C.
羅馬建國

510 B.C.

● 510 B.C.
羅馬進入共和時代

500 B.C.

古典希臘時期

480 B.C.

● 508 B.C.
雅典建立民主政體

● 500 B.C.
釋迦牟尼創立佛教

● 336 B.C.
亞歷山大卽位

● 330 B.C.
亞歷山大擊敗波斯帝國

323 B.C.

323 B.C.

● 323 B.C.
亞歷山大逝世
希臘化時代開始

215 ~ 168 B.C.
羅馬征服希臘、小亞細亞，成為橫跨歐亞非三洲的大國

希臘化時期

● 221 B.C.
中國秦朝統一中國

146 B.C.

1 A.D.

*B.C. 表示西元前，A.D. 表示西元後。

優越的航海技術帶動貿易興盛

愛琴海上星羅棋布的克里特島是希臘文明發展的先驅，西元前三千年，克里特島上的邁諾安王國以其優越的航海技術，締造出希臘與愛琴海地區最早的古文明。

邁諾安是第一個古希臘文明

十九世紀末，英國考古學家亞瑟·伊文斯（Arthur Evans）開始在克里特島上進行挖掘，發現一座大型宮殿，於是他以傳說中的邁諾斯（Minos）國王之名，為這裡的文明命名。邁諾斯文明的發現，讓已確定的希臘文明源頭提早至西元前二千年，並證實在希臘本土文明發展之前，已有文明的存在。

克里特島土地狹窄，使島上居民自然而然選擇向外發展。憑著對海洋的熟悉，活躍於地中海和愛琴海之間，進行海外貿易，其貿易範圍甚至遠至西亞、兩河流域和埃及地區。克里特島與這些地區交易鑄銅原料，而其本身島嶼地形，蜿蜒且適合船隻停靠的海岸線，也成為鄰近國家的停泊點，吸引東地中海和愛琴海諸島的人與之貿易，克里特島因而吸收來自其他地區的文化，如鑄銅技術等，開啟自身青銅器的製造。有學者將此階段在克里特島發展開來的文化稱為「愛琴海文明」。

西元前二千至一千六百年左右，克里特島上的邁諾安王國，在國王邁諾斯的領導下，國勢逐漸繁榮興盛，擁有一群高度組織能力的船員，也有優秀的造船技術，能掌握海上勢力，建立第一個愛琴海文明——「邁諾斯

文明」，通稱「邁諾安文明」。全盛時期的邁諾安掌握愛琴海的海上霸權，並將文化傳播至伯羅奔尼撒半島的邁錫尼等地。

華麗的宮殿與藝術表現

克里特島華麗宏偉的克諾索斯宮殿，是邁諾安文明興盛的最好證據。邁諾安國王在多處建造宮殿，除當做政治經濟中心外，也當做宗教中心，

佐密托斯
在艾達山丘陵的城市文明。

阿基亞特亞達
遺址發現有一座王室住宅，以及線形文字 A 的泥板。

菲斯托斯
僅次於克諾索斯，擁有克里特島上第二大的宮殿建築。

其中克諾索斯王宮是最大的宮殿，由一千多間房間、列柱和門廊，以及大樓梯所組成，包括國王、王后等王族的寢殿、神殿和倉庫等，構造複雜、層層推進的王宮，如同迷宮一般，可以想見當時王權與國力的強盛。

除了宮殿的雄偉讓人驚艷之外，宮殿裡寫實生動的壁畫，也充分表現出邁諾安人的藝術天分。邁諾安藝術大多與航海或是宗教活動有關，如海豚與船隻航行是壁畫與陶器上是最常見的主題，從這些藝術中也可以了解當時航海民族的生活與特性，如壁畫或藝術品經常出現的「牛」代表邁諾安人對牛的崇拜，因此牛或是人抓住牛角，進行跳躍的宗教活動為主的畫作，便成為邁諾安文明的另一個重要特色。

克里特島文明遺址分布

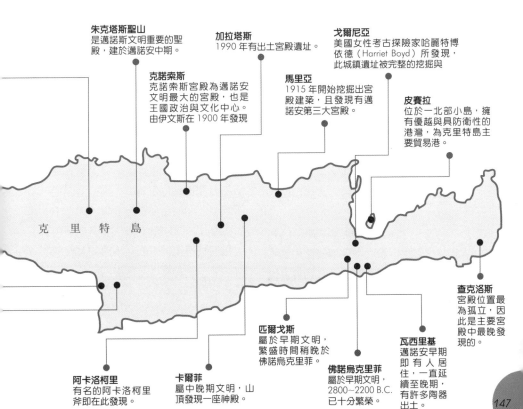

朱克塔斯聖山
是邁諾斯文明重要的聖殿，建於邁諾安中期。

加拉塔斯
1990 年有出土宮殿遺址。

戈爾尼亞
美國女性考古探險家哈麗特博依德（Harriet Boyd）所發現，此城鎮遺址被完整的挖掘與

克諾索斯
克諾索斯宮殿為邁諾安文明最大的宮殿，也是王國政治與文化中心。由伊文斯在 1900 年發現

馬里亞
1915 年開始挖掘出宮殿建築，且發現有邁諾安第三大宮殿。

皮賽拉
位於一北部小島，擁有優越與具防衛性的港灣，為克里特島主要貿易港

克 里 特 島

查克洛斯
宮殿位置最為孤立，因此是主要宮殿中最晚發現的。

匹爾戈斯
屬於早期文明，繁盛時間稍晚於佛諾烏克里菲。

瓦西里基
邁諾安早期即有人居住，一直延續至晚期，有許多陶器出土。

阿卡洛柯里
有名的阿卡洛柯里斧即在此發現。

卡爾菲
屬中晚期文明，山頂發現一座神殿。

佛諾烏克里菲
屬於早期文明，2800~2200 B.C. 已十分繁榮。

西元前 1600 年～西元前 800 年◆邁錫尼文明

當文學世界變成真實

荷馬史詩所描述的世界最早被視為只是充滿浪漫幻想的文學作品，但隨著考古探險家謝里曼的挖掘，而逐漸被公認為是真實的歷史事件。

荷馬史詩的世界是真或假？

　　古希臘文學中，最為人所知、同時也是影響後世最深的當屬《荷馬史詩》，《荷馬史詩》由〈伊里亞特〉和〈奧德賽〉兩篇史詩組成，其中〈伊里亞特〉描寫的是大約在西元前一千二百年，邁錫尼國王阿迦門農（Agamemnon）率軍攻打特洛伊城的故事。戰爭起因於特洛伊王子搶奪希臘斯巴達王妃海倫，引起希臘眾城邦不滿，斯巴達國王召集英勇的戰士阿基里斯（Achilles）等人組成希臘聯軍，進攻特洛伊城。希臘聯軍經過多年進攻，戰況始終不順，便假裝撤退，並將一座大木馬放置於特洛伊城外，特洛伊人以為是神的贈禮，而將之帶入城中，當晚潛藏在其中的希臘軍隊便現身偷襲特洛伊人成功，贏得最終勝利，此即著名的「木馬屠城」故事。

　　史詩記載多少增添了神話色彩或英雄傳說，讓人不免懷疑荷馬筆下所描寫的世界是否為真，直到考古挖掘陸續出土，以及多位考古學家的研究，才讓史詩中的世界逐漸明朗。

考古挖掘證實文學世界的存在？

　　十九世紀時，一位醉心於荷馬史詩的德國企業家──謝里曼（Heinrich Schliemann），認為荷馬史詩所描述的事件是真實存在，便全力投入考古挖掘。

　　一八七〇年，他到土耳其西北部已被推測為特洛伊的地區展開挖掘工作，挖掘出一座大型建築物遺址，他堅信這就是荷馬史詩中最後一位特洛伊國王普里安姆斯（Priams）的宮殿，然而實際上謝里曼所挖掘出的文物遺址年代卻位於西元前二千三百年左右，比荷馬史詩所描寫的年代還早了一千年，因此有人認為謝里曼的推斷不過是他的錯認。

　　無論如何，謝里曼已帶動後續考古學家對此處的挖掘與鑑定工作。目前歷史學家已普遍認為這場戰事是確實存在的歷史，至於戰爭發生的真正原因，應與希臘和特洛伊雙方爭奪政治勢力和貿易位置有關。因特洛伊位於歐亞之間的重要貿易通道，即地中海與黑海之間的航道，極易捲入戰爭，這樣的戰爭衝突可能為人熟知且代代傳頌著，更在荷馬史詩中增添許多渲染力量。

希臘本土文明邁錫尼

　　除了特洛伊城出土重大考古成果外，謝里曼也在邁錫尼大有斬獲。一八七六年時挖掘出一座大型宮殿，

約西元前 1200 年，以希臘聯軍及特洛伊兩大陣營為首所掀起的戰爭。原本希臘聯軍戰敗連連，最終卻在木馬屠城中扭轉情勢，反敗為勝。

阿基里斯
瑟沙利國王。
希臘第一勇士，
聯軍主將之一。

菲洛克忒忒斯
墨利波亞國王。
擁有希臘英雄赫拉克利斯的弓箭，這是戰勝的關鍵。

普里安姆斯
特洛伊國王（帕利斯之父）。
赫克特
特洛伊第一勇士，特洛伊領軍（帕利斯之兄），戰爭初期特洛伊戰勝的關鍵。

瑟沙利

墨利波亞

特洛伊

特洛伊王子帕利斯勾引斯巴達王妃海倫

希臘

土耳其

邁錫尼與斯巴達糾眾開戰

希臘聯軍

歐波亞　**帕拉墨得斯**
　　　　　歐波亞國王。

雅典

奧德修斯
伊塔卡國王。
獻計木馬屠城。

伊塔卡

伯羅奔尼撒半島

薩拉彌斯

邁錫尼

涅斯托爾
皮洛斯國王。
安提洛科斯
皮洛斯王子。

斯巴達
　阿爾戈斯
皮洛斯

大埃阿斯
薩拉彌斯國王。
聯軍主將之一。

得摩豐
雅典國王。
木馬裡的埋伏軍。

伊多墨紐斯
克里特島國王。

米聶勞斯
斯巴達國王
阿伽門農之弟、
海倫丈夫。

狄奧墨得斯
阿爾戈斯國王

阿伽門農
邁錫尼國王。
聯軍統帥。戰爭發動者。

克里特島

以及內藏許多黃金飾物的貴族墓穴，並出土一面黃金面具，謝里曼認為這就是阿迦門農的面具，然而這個面具的年代約為西元前一千六百年，比荷馬史詩所描述的時間還要早四百年。

西元前一千六百年，當克里特島的邁諾安文明繁榮興盛，不斷向北傳播文化時，希臘本土也有北方的印歐民族來此定居，他們吸收來自愛琴海的邁諾安文明，逐漸建立起自己的文化，其中以邁錫尼文明成就最大。西元前一四五〇年，邁錫尼王國攻打克里特島，摧毀邁諾安王宮，愛琴海文明因此被希臘本土的邁錫尼文明取代。邁錫尼王國掌握希臘本土多處重要城市，以及掌控克里特島的克諾索斯城和其他愛琴海島嶼，繼邁諾安之後取得海上的霸權，勢力幾乎遍及地中海沿岸，擴張至西亞、埃及等地。

海上貿易與文化傳播

邁錫尼文明吸收邁諾安文明，海上貿易的技術與知識也是從邁諾安文明習得。在邁諾安文明衰落之後，邁錫尼大舉擴張海上勢力，在敘利亞、巴勒斯坦、賽普勒斯和埃及都有其足跡。

邁錫尼所建立的商船組織比邁諾安更強大，船隻種類眾多，加上許多因應突擊所需的造型設計，讓船隻增加做戰能力。他們在地中海沿岸建立許多貿易據點，掌握不少商品的生產和貿易，除了橄欖油和葡萄酒等重要商品之外，還包括陶器、金屬器、青銅器、紡織品，以及以各種香料製成的油料等。

西元前一千一百年，邁錫尼文明被摧毀後，希臘進入黑暗時代。希臘本島的人因貧窮而紛紛向海外移民。隨著殖民行動的展開，貿易活動也更為興盛，小亞細亞、義大利南部、西班牙、南法、黑海和非洲沿岸都有希臘人所建立的城邦。這段歷史即是荷馬史詩中《奧德賽》所敘述的背景，《奧德賽》中的主角奧德修斯在海上漂流十年，最後在眾神協助下終於返家。

獨特的線形文字

考古學家亞瑟·伊文斯（Arthur Evans）在克里特島的克諾索斯、菲斯托斯等城發現一種文字，年代約位於西元前二千年，也就是邁諾安文明時期，這種文字至今尚未能解讀，被稱為線形文字A。除此之外，伊文斯另外發現一種線形文字B，兩種文字存在著某種關聯，同樣使用於克諾索斯城，甚至在希臘本土許多城市，如邁錫尼、底比斯等地都有發現。

線形文字B後來被英國的建築師文特里斯（Michael Ventris）所破解，證實這種文字應是古代的希臘語。這些泥板文字記載許多經濟與貿易相關事務，包括穀物、陶器、金屬的清單和數量等等，線形文字B對於研究邁錫尼文明，具有重要貢獻。

解讀線形文字

線形文字 A

已有初步解讀成果：
- 使用時間：西元前 1750~1450 年。
- 表音與表意符號各 60 個。
- 書寫方式：從左至右。
- 推測為克里特島民族使用的文字，取代原本的象形文字。

皆由亞瑟‧伊文斯於 1900 年發現
兩種文字有某種程度的關聯

線形文字 B

成功關鍵

應用戰爭期間破解敵軍密碼的方法。 ＋ 推測為古希臘文的假說正確。

解讀成果：
- 使用時間：西元前 1500~1200 年。
- 符號數量：88~90 個。
- 推測為荷馬史詩時代邁錫尼使用的文字。
- 證實希臘本土政權入侵邁諾安文明
- 內容：以記載經濟方面的資料為主，主要用於清點或計算數量。

約西元前 800 年～西元前 500 年◆城邦國家的出現

西方政治的源頭

希臘因地形破碎，發展出各自為政的「城邦政治」，在眾多希臘城邦當中，又以民主雅典與軍國主義的斯巴達為主要的兩大勢力。

以「波利斯」為政治單位

希臘地區地形相當破碎，全境多山，山巒崎嶇起伏，再加上島嶼眾多，散布於愛琴海上，增加往來的困難，因此難以發展成大型國家；此外，各族群遷徙至希臘地區的時間不同，文化也各異，各族群在各自的居住範圍內發展成獨立的勢力。他們選擇形勢險要的要塞丘陵區建築堡壘（或稱衛城）做為主要根據地，而後鄰近周邊便發展成一座防衛型城市或小市鎮，堡壘所在地即成為政治、經濟和宗教中心。

每個城邦都具有自己的政治體系，儘管統治面積狹小，但確實有其獨立地位，這種以城市為單位所發展出來的政治即是「城邦政治」，「城邦」（Polis）這個字更是演進為日後的「政治」（Politics）。

西元前八世紀到西元前六世紀，希臘地區最多曾有一百多個城邦。城邦有各自的守護神，並仰賴「神諭」（神明的指示）做為重大政策決定的依據。

西元前八百年左右，各城邦幾乎都擁有自己的軍隊和政府，儼然就像一個小國。眾多城邦國家之中，以雅典和斯巴達最負盛名。雅典城是邁錫尼文明時期（西元前一千五百至一千二百年之間）唯一延續下來的城邦，而以高度軍事化統治著稱的斯巴達則約建於西元前八百年左右，並靠著征服位於伯羅奔尼薩半島西南部的美西尼亞（Messenian），取得廣大肥沃土地而強大。

西元前七百年，因人口增加、耕地有限以及尋找海外市場，讓希臘城邦自西元前一千年已開始的殖民活動更為興盛，希臘人在海外建立許多殖民城市，並將生活習慣與文化傳播到原本是蠻荒地區的地方，形成地中海與黑海沿岸遍布許多與希臘本島母城有聯繫的子城邦，殖民城邦最集中的南義大利地區甚至有「大希臘」的稱號。

發展出民主政治的雅典

雅典城建立於希臘半島東南方的阿提卡平原上，城邦名稱由來自守護神，也是智慧女神雅典娜（Athena）。雅典城原本是由多個鄉村組合而成的小聚落，歷經多年發展，變成一個頗具規模的城邦。

雅典以民主政體聞名，但這樣的發展是歷經多次的改革而來。早期雅典貴族掌握政治特權，平民不斷要求進行政治或法律的改革，因此在西元前五九四年時梭倫（Solon）針

雅典民主政治的運作方式

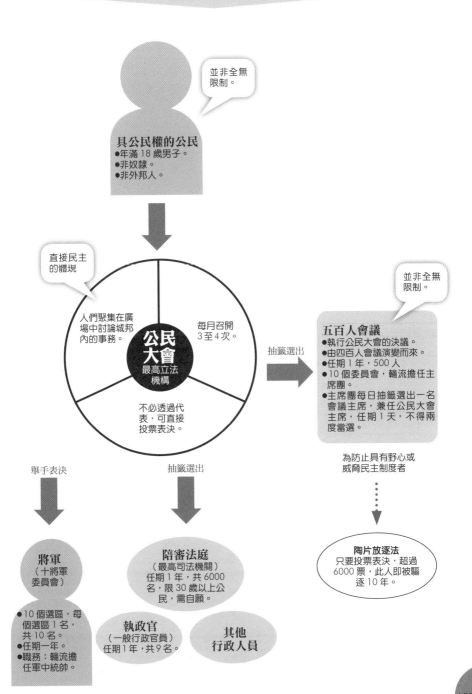

並非全無限制。

具公民權的公民
- 年滿 18 歲男子。
- 非奴隸。
- 非外邦人。

直接民主的體現

人們聚集在廣場中討論城邦內的事務。

公民大會
最高立法機構

每月召開 3 至 4 次。

不必透過代表，可直接投票表決。

抽籤選出

並非全無限制。

五百人會議
- 執行公民大會的決議。
- 由四百人會議演變而來。
- 任期 1 年，500 人
- 10 個委員會，輪流擔任主席團。
- 主席團每日抽籤選出一名會議主席，兼任公民大會主席，任期 1 天，不得兩度當選。

為防止具有野心或威脅民主制度者

舉手表決

抽籤選出

陶片放逐法
只要投票表決，超過 6000 票，此人即被驅逐 10 年。

將軍
（十將軍委員會）
- 10 個選區，每個選區 1 名，共 10 名。
- 任期一年。
- 職務：輪流擔任軍中統帥。

陪審法庭
（最高司法機關）
任期 1 年，共 6000 名，限 30 歲以上公民，需自願。

執政官
（一般行政官員）
任期 1 年，共 9 名。

其他行政人員

對經濟和政治方面進行一連串的改革，包括取消一切債務，讓許多因債務而成為奴隸的人重獲自由，也讓抵押的土地歸還原主，並廢除以土地為抵押品，及禁止強迫他人為奴隸抵押債務的行為。政治方面，設立由人民自行選出的代表所組成的「四百人會議」。四百人會議具有立法權，類似今日的議會，這可說是雅典邁向民主政治的第一步。繼之改革的還有克利斯提尼（Cleisthenes）、伯里克里斯（Pericles）等，至此雅典的民主政治才真正落實。在雅典發展民主政治的同時，波斯的勢力也逐漸興起，並進犯小亞細亞的希臘殖民城邦。雅典起而反抗波斯勢力，西元前四七九年並率領希臘海軍打敗波斯，贏得波希戰爭的勝利。

斯巴達發展出軍事統治

　　勢力與雅典相當的斯巴達，政治體制卻與雅典有天壤之別。西元前七、八世紀，斯巴達與雅典同樣面臨人口過剩與土地不足的問題，但他們用發動對外戰爭、掠奪戰敗國土地的方式來解決，因而非常重視軍事的發展，視武力為國家最重要的發展資源。每個斯巴達人一出生便以體格做為是否能繼續存活的標準，若不能便會被遺棄，男孩七歲開始便需離家接受軍事訓練，且長期居住在兵營，終其一生都是國家的戰士，整個斯巴達社會，包括學校、家庭，都是軍事組織的延伸。

　　政治上，斯巴達的主要政權掌握在五名執政官與元老院手中，執政官由近一萬名斯巴達公民所組成的公民會議所選出。國王則有兩位，但僅在戰爭時才有實權。元老院由二十八位超過六十歲的貴族所組成，加上兩位國王共三十名，負責重要法案的提出，再交由公民會議討論表決。斯巴達的政治體制屬寡頭政治，掌握在少數人手上，雖然有部分公民參與，但僅只於少數。

城邦爭鬥弱化彼此的實力

　　西元前四七八年波希戰爭後期，雅典聯合希臘城邦和愛琴海諸島嶼城邦，組成一支強大的海軍聯盟，稱為「提洛同盟」。提洛同盟可說是贏得

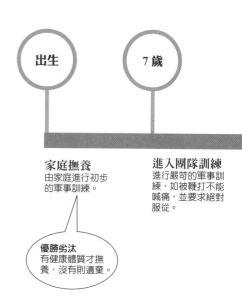

出生

7歲

家庭撫養
由家庭進行初步的軍事訓練。

進入團隊訓練
進行嚴苛的軍事訓練，如被鞭打不能喊痛，並要求絕對服從。

優勝劣汰
有健康體質才撫養，沒有則遺棄。

戰爭的重要關鍵，而為防止波斯捲土重來，戰爭後也並未解散同盟，仍由雅典領導。

然而雅典卻憑藉其領導控制權向外擴張自己勢力，又干涉各城邦內政、挪用同盟公款等，引起聯盟各城邦不滿。此時，斯巴達是伯羅奔尼薩半島上的最大城邦，以強大的軍事力量控制鄰邦、與此結盟，組織「伯羅奔尼撒同盟」。

雅典和斯巴達原本就因政治體制不同而不睦，現在又因各自領導軍事同盟而加深對立。西元前四三五年，伯羅奔尼撒同盟成員科林斯（Corinth）與其殖民地科基拉（Corcyra）發生戰爭，雅典出兵協助科基拉，打敗科林斯，成為兩大同盟戰爭的導火線。西元前四三一年，斯巴達領導伯羅奔尼撒同盟進攻雅典，希臘各城邦陷入互相攻訐的內戰當中，史稱伯羅奔尼撒戰爭。這場戰爭歷時二十餘年，希臘各城邦陷入互相攻訐的內戰之中，儘管斯巴達獲得最後勝利，但長期的內戰使希臘經濟衰退，政治勢力衰落，北方的馬其頓因此有了趁勢而起的機會。

斯巴達男人的一生

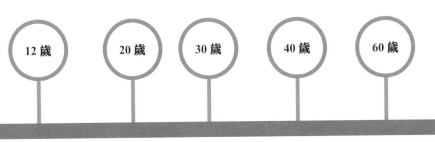

| 12歲 | 20歲 | 30歲 | 40歲 | 60歲 |

編入少年隊
逼他們偷東西，以練靈活身手，若被發現則被痛打。

正式成為軍人

結婚成家
但仍需住在軍營裡。

可離開軍營
但仍具軍人身分。

正式退役
但仍算是預備役，必要情況仍需支援。

◆希臘的衰亡
創建大帝國，實現世界一家理念

伯羅奔尼撒戰爭後，希臘繼續陷入城邦間的內戰，波斯也一直藉機將勢力滲入希臘，以消耗希臘各城邦的勢力。在爭鬥過程中，馬其頓王國崛起，逐步稱霸希臘。

希臘城邦霸主不斷輪替

西元前四三一年的伯羅奔尼撒戰爭削弱各希臘城邦勢力。戰爭失敗使得雅典短暫陷入政權掌握在少數人手裡的寡頭政治，雖然後來得以恢復民主制度，但勢力已大不如前。斯巴達雖曾經短暫稱霸，但也並未取得希臘永久的統治權。

政治的不穩定，加上許多與斯巴達同盟的城邦對斯巴達產生反叛之心。西元前三九五年，雅典、底比斯和科林斯等希臘城邦接受波斯的金錢援助，組織聯盟，再次向斯巴達宣戰，史稱「科林斯戰爭」，這場戰爭雖然使斯巴達勢力受挫，但雅典各邦也未能完全打敗斯巴達，反而因簽訂和約而削弱力量。

西元前四世紀末，希臘城邦之一的底比斯興起，成為繼雅典、斯巴達之後的第三股勢力。西元前三七一年，底比斯在留克特拉之戰攻陷斯巴達，取得霸主之位，接著在西元前三六二年打敗雅典和斯巴達聯軍，正式瓦解斯巴達的勢力，但其霸主之位並不穩固，最後在西元前三三六年被亞歷山大所滅。

在希臘內戰中崛起的馬其頓

馬其頓位於巴爾幹半島東北方，因遠離南部希臘各城邦，屬於邊遠地帶，加上實行希臘人嗤之以鼻的君主制，因此一直被希臘人視為野蠻族群，但馬其頓在波希戰爭和伯羅奔尼撒戰爭時不斷養精蓄銳，累積自己的實力。西元前四世紀，希臘各城邦陷入長期內戰，勢力衰弱，使馬其頓有崛起的機會。國王腓力二世時開始改革軍隊，加強軍事戰備，並發明新的做戰陣勢，使軍力大為增加。西元前三三八年，腓力二世趁希臘內戰之際南下攻打希臘城邦，史稱「喀羅尼亞之戰」，在這場戰役中，馬其頓打敗雅典、底比斯等，從此稱霸希臘。

腓力二世死後，其子亞歷山大即位，年僅二十歲。他繼承親遺志，大舉鎮壓希臘反對勢力，不到一年時間，亞歷山大已控制全希臘，希臘各城邦失去政治上的獨立地位。此後，亞歷山大開始向希臘以外的地區擴張，先是率領馬其頓、希臘所組成的軍隊，在西元前三三四年打敗波斯，之後前進小亞細亞和敘利亞等地，並向埃及進逼，最後剷除波斯剩餘勢力，最遠曾至印度，在短短十年內即建立出一個橫跨歐、亞、非三洲的大帝國。但西元前三二三年，亞歷山大英年早逝，其部下瓜分帝國領土，亞歷山大帝國因此瓦解。

馬其頓崛起初期的對外關係

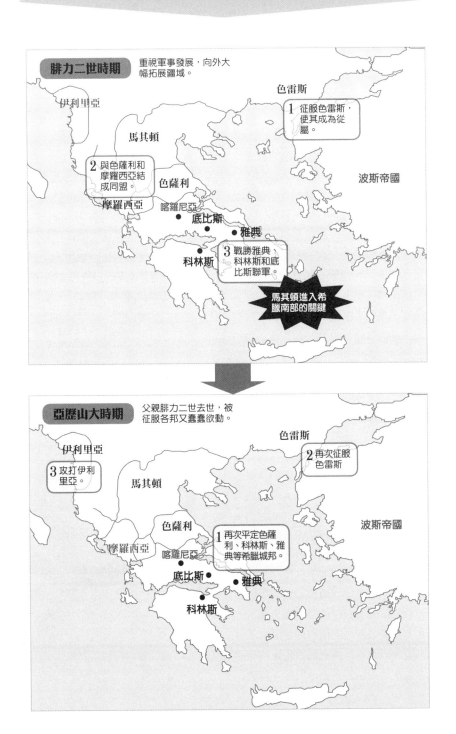

腓力二世時期　重視軍事發展，向外大幅拓展疆域。

色雷斯

伊利里亞

1 征服色雷斯，使其成為從屬。

馬其頓

2 與色薩利和摩羅西亞結成同盟。

色薩利

波斯帝國

摩羅西亞

喀羅尼亞

底比斯

雅典

3 戰勝雅典科林斯和底比斯聯軍。

科林斯

馬其頓進入希臘南部的關鍵

亞歷山大時期　父親腓力二世去世，被征服各邦又蠢蠢欲動。

色雷斯

伊利里亞

2 再次征服色雷斯

3 攻打伊利里亞。

馬其頓

色薩利

波斯帝國

摩羅西亞

喀羅尼亞

1 再次平定色薩利、科林斯、雅典等希臘城邦。

底比斯

雅典

科林斯

◆宗教信仰
展現和平競爭精神的運動競技

希臘人認為神人之間的關係是和諧的，人民期待與神同樂，並用自己強健的體魄向神祇表達敬重之意，並相信自己能夠超越神祇，這也是使自己更接近神祇的一種方式。

如同常人一般的希臘神祇

早期的希臘信仰是原始的自然崇拜，且是多神信仰，包括大自然中有形的山林、海洋、太陽、月亮等都有不同的神祇掌管。此外，希臘宗教融入人們的生活中，每年希臘地區的慶典節日多達成千上百個，祭祀慶典則是生活不可分割的一部分。祭祀活動包括獻酒、占卜、遊行和大型的運動競賽。希臘人多以鮮花水果或酒來祭祀眾神，有時候也會宰殺牲畜，讓牠們的鮮血流到大地，以取悅大地之神，祈禱豐收。

另外，希臘宗教沒有特定的宗教組織，信仰也很自由，沒有祭司階級，負責祭祀的人經過推選產生，和其他官員並無不同，因此也沒有祭司用嚴格的教條或戒律來管束人們在宗教上的活動。而眾神具有和人一樣的形體，性格也不是完美無瑕，祂們和人一樣有弱點，有七情六慾，同樣會為愛妒忌和為利益爭吵，可說是被神化的人，唯一和人不同的是，祂們可以長生不老，並擁有神力。大抵而言，希臘的宗教信仰是充滿人本主義的，他們依照人的樣貌創造眾神，也不過度崇拜自然神祇而矮化人的地位，並在祭祀活動中充分展現人的價值。

藉由競技表達對神的崇敬

大型運動會是信仰活動的一部分，因希臘人認為一個理想的人應該同時具備美麗的心靈與健全的體魄，向眾神展現自己強健的體魄，便是在表達自己對祂們的崇敬。除此之外，因其充滿人本主義的宗教思想，他們並不認為神是崇高而不可侵犯的，相對的，人具有超越神的潛能，可藉著自身的努力超越神明，並可以為此感

由來
英雄海克力斯在天界奧林匹亞山贏得比賽，建議每四年舉行一次體育比賽。

希臘人用奧運來紀年，兩屆奧運間的時間被稱為一個「奧林匹亞德」。

到驕傲，於是競技場成為人們不斷試圖創造超凡成績，以接近神祇的場所，運動會發展成希臘獨有的身體文化與競技慶典。

古希臘有四個主要的運動競技會，分別是祭祀宙斯的奧林匹克運動會（Olympic Games）、祭祀阿波羅的皮西安競技會（Pythian Games）、祭祀海神波賽頓的依斯米安競技會（Isthmian Games），以及祭祀大力之神的尼米安競技會（Nemean Games）。其中以奧林匹克運動會最為盛大，也最具規模，比賽時程為期五天，前兩天祭神，後三天則為競賽和慶祝活動，是現代奧運會的起源，奧運聖火也是源自於雅典的宗教儀式。根據歷史記載，最早的奧運會於西元前七七六年舉行，當時競賽項目只有長度約一百九十公尺的短跑。

古代奧林匹克運動會

沿革
開始 西元前 776 年。
中斷 西元 393 年，身為基督徒的羅馬皇帝狄奧多西以「異教徒崇拜儀式」為由禁止。
恢復 19 世紀末法國男爵顧拜但鼓吹恢復，除世界大戰外，不曾中斷。

最初運動員資格
1. 不分階級，所有希臘城邦的男子自由民。
2. 無道德缺點，無不良紀錄。
3. 賽前有十個月以上訓練。
4. 賽前須至伊利斯城進行 30 天的賽前練習。
5. 女性僅限未婚女子參觀。

競賽項目
摔跤、拳擊、馬術運動、擲鐵餅、擲標槍、跳遠、賽跑、角力、賽車（戰車）。

重要精神
和平 賽期各城邦需停戰，比賽以象徵和平的橄欖枝葉所編成的桂冠做獎勵。
完美 突破自我，追求健美體魄與人格，這是人們的理想。
公平 競爭過程公正且平等。

◆藝術文化發展

秩序和諧成為西方所追求的美

古希臘人藉由藝術來展現對神明的虔敬，神話故事正是他們取之不盡的靈感來源。後來的歐洲藝術，舉凡文學、戲劇、建築、雕刻、繪畫等，無一不受到希臘影響。

以風流宙斯為主的希臘神話

希臘人認為神擁有和凡人一樣的七情六慾，且人神沒有分界共同相處，因而發展出豐富有趣的神話故事，主角包括以眾神主宰宙斯（Zeus）及與其有關的奧林帕斯山眾神，如天后希拉（Hera）、太陽神阿波羅（Apollo）、智慧女神雅典娜（Athena）、海神波賽頓（Poseidon）、愛神阿芙蘿黛蒂（Aphrodite）等。

後人對希臘神話的認識，主要來自古希臘文學。在希臘尚未產生文字以前，希臘民間即有許多口耳相傳的詩歌，後來再藉由吟遊詩人和彈唱詩人潤飾成長篇史詩，其中可以荷馬（Homer）的《荷馬史詩》為代表，《荷馬史詩》包括〈伊里亞德〉和〈奧德賽〉，穿插大量神話故事，有實有虛，引發後人追尋。雖然荷馬本人的真實存在性也有爭議，但《荷馬史詩》確實是希臘民間集結口頭傳說故事的精彩佳作。除荷馬外，還有一位歷史上確實存在的古希臘詩人赫西俄德（Hesiod），他的詩歌作品有記敘農耕生活的《工作與時日》、描述宇宙與眾神起源的《神譜》，也為希臘神話、文學和哲學的研究，提供重要貢獻。

希臘神話故事也豐富了羅馬神話和文學，成為西方藝術的重要元素，各種文學、藝術創做都以其為題材來源，如羅馬詩人奧維德的《變形記》，大量取材希臘羅馬神話；莎士比亞的作品《特洛伊羅斯與克瑞西達》和《維納斯與阿多尼斯》也取材自希臘羅馬神話，而十六、十七世紀畫家提香、魯本斯等人都曾以《維納斯與阿多尼斯》和其他希臘神話故事做畫。

希臘戲劇是西方戲劇的源頭

希臘戲劇的產生也與宗教慶典息息相關，從宗教祭典中的舞蹈和詩歌朗誦中逐漸演變成伶人表演與對白的敘事劇，並出現演員和戲劇作家。戲劇是希臘人生活的一部分，希臘人甚至為戲劇建築大型劇場，並舉辦一年一度的戲劇競賽。

希臘戲劇包括喜劇、悲劇等形式，悲劇多取材自古希臘英雄或神話故事，以人與既定命運所產生的衝突與對抗為主要內容，但它要傳達的並不是命運的悲慘，相反的，是要展現出人與神祇、命運對抗時所展現的智慧和勇氣，希臘人認為這是心靈所表現出來的一種高度情操，如索福克勒斯（Sophocles）的《伊底帕

希臘神話中的主要神祇

太陽神

阿波羅（Apollo）
象徵光明的阿波羅，也是文藝之神，掌管音樂、醫藥、藝術等。

天后

希拉（Hera）
宙斯的正妻，個性善妒，掌管婚姻與生育。

美神

阿芙羅黛蒂（Aphrodite）
代表愛與美的女神，她的美麗讓眾神傾倒。

天神

宙斯（Zeus）
至高無上的天神，代表正義，統治宇宙與眾神。

愛神

厄洛斯（Eros）
掌管愛情的厄洛斯，是戰神阿瑞斯和美麗女神阿芙羅黛蒂之子。

海神

波賽頓（Poseidon）
海洋之神，武器是三叉戟。與雅典娜爭奪雅典城的守護神失利。

智慧女神

雅典娜（Athena）
智慧和勝利女神，同時也是位女戰神，掌管農藝、工藝、秩序等，也是雅典的守護神。

斯王》，描述底比斯王子伊底帕斯（Oidipous）想要擺脫自己殺害父親、迎娶母親的命運，無奈最後仍抵擋不了命運作弄，儘管如此，伊底帕斯堅強的意志仍令人敬佩，希臘悲劇想傳達的就是如此的精神。如亞里斯多德所說，透過悲劇的表演和欣賞，引起人們的憐憫和恐懼，也使人的情感獲得淨化。西方戲劇在希臘戲劇既有的架構上繼續發展，而當時的大型劇場也成為日後劇場發展的基礎，因此希臘戲劇可說是西方戲劇源頭。

強調和諧秩序的希臘建築

希臘建築也充分展現出希臘人的信仰，及對於和諧與美的體現與追求，最具代表性者就是神殿。希臘信仰中，神諭是最重要的部分，當人們需要做出重大決定時，便會向神祈求指示，這些神的旨意就是神諭。神殿是祈求神諭的場所，也是神居住的地方。希臘有許多重要的神殿，每座神殿都有守護神，如供奉太陽神阿波羅的德爾菲神殿，以及雅典娜女神的帕德嫩神殿等。

希臘神殿主要是以邁錫尼時期所留下的方型建築為藍本，以列柱為主要特色。成排圓柱矗立於方形的柱基平台上，支撐著柱子上方的「柱頂結構」和「山形牆」。柱子依式樣可分為多利克柱式、愛奧尼亞柱式和科林斯柱式。從柱子的直徑大小、排列的間距，直到整棟建築的高度和規模都有其一定比例，整座建築在井然有序中帶著和諧之美。希臘神殿深深影響日後西方建築風格，如文藝復興時期的建築所採用的古典柱式就是取自希臘羅馬建築，甚至在台灣也常可見到此類希臘柱式建築。

人體雕塑追求完美比例

希臘人也將人本主義精神充分展現在雕刻作品上，人體雕刻是希臘雕刻最主要的部分。早期希臘雕刻受到埃及影響，風格樸拙，人物的動作生硬拘謹。西元前五世紀進入古典時期，雕刻家們開始注重均衡和完美的人體結構，雕刻線條也較為生動、柔美，同時追求「力」與「美」的結合，在作品中表現出動作瞬間所爆發出來的力量，並充分展現動感。另外，雕刻家們也致力於研究解剖學和美學，以找出人體最完美的比例，並將它理論化，成為日後人們追求人體完美比例的依據，其中以波利克里托斯（Polyclitus）所提出的「頭與全身的比例為 1:7」最具影響力。

希臘的雕刻經常與建築為一體，常見於神殿的浮雕飾帶或山形牆。除此之外，還有獨立的人體雕像，以精確、優雅、均衡的風格為主，追求完美比例。以神話故事中的裸體男子為主題，希臘人相信男子的身體是神聖的，因此會以在競技會場上比賽和人體雕刻的方式，將比例完美的身軀獻給神祇。

帕德嫩神殿

希臘人習以建造神殿的方式表達對神的崇拜,帕德嫩神殿即是雅典人獻給守護神雅典娜的神殿。神殿也是他們美感的縮影,將對和諧、完美比例的追求淋漓盡致地表現在神殿上。

柱頭
採用樸實莊重的多利克式柱頭,而下粗上細且微向內傾的柱身,讓視覺上看起來穩重堅固。

柱間壁
表現神話裡的戰爭,包括眾神對抗巨人族,希臘人與特洛伊人、人馬族和女巨人之間的戰爭。

山形牆
左右對稱,以與雅典娜有關的神話故事為題材。

圍柱列
象徵人體,代表對神的崇敬。每面比一般的神廟多2根,長面有17根、寬面則有8根。

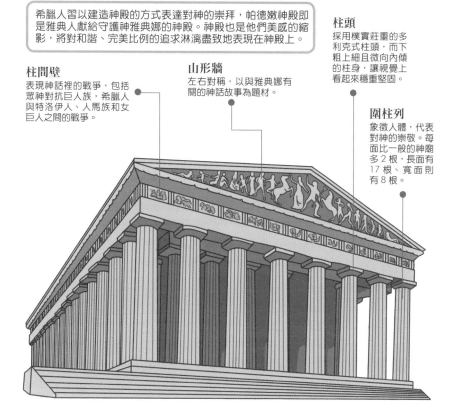

希臘人對和諧與完美比例的追求,也表現在建築柱式(order)上,三種柱式都有特殊的形式,不論高度、間距和建築之間也有一定的比例。

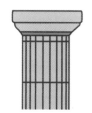

多利克式
仿照男子身材比例,柱身粗壯堅實,柱頭樸實單純,較無裝飾,是希臘最早出現的柱式。

愛奧尼亞式
柱身纖細秀氣,就像一位優雅高挑的女性,最大的是像貝殼或羊角的漩渦柱頭。

科林斯式
由愛奧尼亞式演變而來,柱頭以仿毛莨葉雕刻裝飾,形如盛開的花盆,風格華麗,裝飾性強。

◆哲學思想

蘇格拉底奠基西方哲學發展

希臘哲學從最早探索宇宙的起源，再回歸現實，探索與人有關的現實生活。以蘇格拉底為首的希臘三哲更是為西方哲學奠定深遠的發展基礎。

哲學從探討宇宙起源誕生

西元前六世紀時，希臘哲學大興，其興起原因與繁榮的航海貿易有關。希臘貿易的發達使得希臘人經常與其他地區接觸，因而容易吸收、接觸外來人事物，進而刺激希臘人對人類生活的觀察與思考，如西亞和埃及的科學、思想與文化，影響希臘人對宇宙起源的探討。

此外，當時希臘城邦發展出各自的政治、經濟模式，再加上義大利、西西里和小亞細亞等殖民地的發展程度差異，更加重各邦的社會文化發展不均；此外奴隸制度也刺激了希臘哲學的出現，因為這兩者皆造成希臘社會貧富不均、階級差異現象，使部分人們有多餘時間思索關於思想層面的問題。

最早提出關於人生與宇宙思考的哲學家是小亞細亞的泰利斯（Thales），泰利斯因此有希臘「哲學之父」之稱。他反對神話和神造萬物的理論，提出要探究萬物的本質和起源，產生最早的希臘哲學，他主張萬物的本質是「水」，其學生承繼推衍其思想，產生出主張萬物本質為水、火、氣、原子等物質的學派。

雅典出現哲士學派

西元前五世紀，小亞細亞的哲學思想式微，哲學重心逐漸轉移至雅典。隨著雅典民主政治日趨發展，希臘哲學也開始興盛，這是因為當時的雅典公民是雅典政治的最高決定者，必須具有解決各種社會、政治問題的思考能力。雅典公民習於在廣場上發表演說和辯論對於政治的看法，因此出現一批探討人類社會、政治和制度問題為主的思想家，這些人被稱為智者，也稱為「哲士」，因而稱為哲士學派。希臘哲學的發展也從探討不切實際的萬物起源，轉變為以與「人」有關的現實生活等相關問題為中心。古希臘哲學家普羅泰戈拉（Protagoras）是哲士學派的創立者，他提出「人是衡量萬物的尺度」，懷疑神的存在因此將自然宇宙的探討轉向為人，認為人重於宇宙，開啟了希臘對人與倫理學的探討。

然而，這一理論因為強調沒有客觀真理的存在，一切的評斷都依靠個人，人的感覺與利害關係是判斷事務的標準，屬於唯心主義，因此容易走向是非黑白顛倒的極端個人主義，任何人只要強調個人的利益和感覺，就無人可評斷其是非

萬物的本質是……

萬物的本質是水。

泰利斯

萬物的本質是「無限」，可變化為萬物。

阿納西曼德

萬物的本質是氣，氣的聚散組成萬物，如風、火、水等。

阿納西美尼斯

萬物的本質是「火」。火與萬物可互相轉化，且火是流動的，萬物也皆是流動的。

赫拉克利圖斯

萬物的組成是「數」，因為「數」的組合不同才有不同的萬物。

畢達哥拉斯

萬物由「原子」組成。每個萬物是由不可分割的原子組合而成，只是形狀、排列順序的差異而已。

德謨克利特

以今人的角度來看，萬物的本質當然不是如此，但他們的貢獻不在於找到答案，而是在於突破神話迷信的氛圍，以理性的角度來思考問題。

對錯，這樣的理論也自然成為眾人攻擊的對象，或被自私小人所利用。原本的智者、哲士，最後反成為詭辯之士。此時繼之而起的是反對過度個人主義，以探討人類倫理、道德標準問題為主的新思想，最重要的代表正是有「希臘三哲」之稱的蘇格拉底（Socrates）、柏拉圖（Plato）和亞里斯多德（Aristotle）。

西方孔子──蘇格拉底

蘇格拉底是希臘最重要的哲學家之一，也是希臘三哲之首。蘇格拉底出生於哲士學派的年代，早年曾受到哲士學派的影響，但他反對哲士學派後期的詭辯和極端個人主義現象，因而提出新的主張，討論人類倫理與道德問題。他認為「善」是所有人類道德倫理的準則，人世間也有一合乎道德標準的真理存在。蘇格拉底透過在市集和街上與人對話、辯論的方式，引發他人思考問題的本質，藉此闡揚自己的學說。他也提出「認識自己、瞭解自己」以及「知識就是道德」來鼓勵年輕人追求知識，探索自己，因為瞭解自己的無知與缺漏，才能追求問題的解答，增長知識與智慧。蘇格拉底的學說吸引許多年輕學子，但晚年卻遭受「腐敗青年思想」與「不相信神明、宣傳無神論」的誣告而被判處死刑。

蘇格拉底並未留下任何著作，其重要思想均見於學生柏拉圖、色諾芬（Xenophon）的著作。儘管如此，他的學說和思想仍透過學生的散播，對當時的希臘社會，乃至於後來的西方世界，產生深遠的影響。

希臘三哲奠基西方哲學

蘇格拉底死後，將之思想繼續發揚光大的是柏拉圖，繼之發展、修正其學說的則是柏拉圖的學生亞里斯多德。

柏拉圖將世界分為物質世界和精神世界，認為精神世界凌駕於物質世界之上，精神世界的真理、完美與永恆是存在的、是必須用心靈感受的，精神世界的最高價值就是「善」。此外，柏拉圖也將其自身的理想世界完整體現在著作《理想國》中，提出國家應由具有高度智慧的哲學家所統治，這個主張影響了十九世紀的烏托邦社會主義思想。

亞里斯多德則認為物質世界和精神世界是並存且同等重要，因為身心靈必須兼顧，才能維持身心健康與平衡，因此除了哲學外，他也博通各種知識理論，包括生物學、物理學、天文學、數學、動植物學、倫理學、美學與藝術等等，可以說希臘三哲不但為西方哲學奠定良好的基礎，哲學思想甚至廣泛且深刻地影響至西方各個學術思想層面，如藝術、生物、政治、倫理邏輯等。

古希臘哲學發展

希臘哲學的源頭

> 超越宗教神話的羈絆，人們開始思考構成萬物的本質是什麼。

> 萬物的本質是「水」。

泰利斯

哲學重心從小亞細亞轉移至雅典，關心的課題也出現變化。

探討重點轉變

> 雅典公民習以發表自我主張的方式來參政，因而產生「哲士」——探討與人有關的議題的思想家。

> 人是衡量一切事物的標準，個人的利益和感覺比宇宙重要。

普羅泰戈拉

哲學的變調。哲學成為顛倒是非的極端個人主義，哲士也成為詭辯之士。

希臘哲學的成熟

> 蘇格拉底用辯論的方式表達思想理念，再經由柏拉圖、亞里士多德完備。

> 身心靈都要兼顧，什麼知識都要精通。

> 知識就是道德，探索並認識自己以增長智慧。

> 精神世界凌駕於物質世界之上。

蘇格拉底

柏拉圖

亞里士多德

第七篇

西元前8世紀～西元476年
羅馬文明

歷來有許國家宣稱是羅馬的繼承者

羅馬法是今日歐陸法系的源頭之一。

競技場是今日大型體育館的原型。

羅馬文明承繼希臘文明，使西方文化得到進一步茁壯與發展。個性務實的羅馬人，其文化成就也表現在最實際的公共設施、建築、法律等各方面，如水道、競技場、凱旋門等，雖然當初建構的部分目的是為了展現王權，但最後卻跨越時空的侷限，對後代的影響產生既深且廣的影響。除此之外，在西元一世紀時產生的基督教，在衝突迫害中不斷成長，終於在西元四世紀時成為羅馬國教，並繼而在中古時期成為主宰歐洲的力量，時至今日，已成為世界三大宗教之首。

歐洲各國目前仍保存當時的供水設施。

此時產生的基督教今為世界最大宗教。

稱霸全歐洲的羅馬文明

北　海

不列顛

日耳曼人

高　盧

義

大

羅馬 利

753 B.C.
羅穆勒斯建
立羅馬城，
實施王政。

西　班　牙

西西里

迦太基

毛　里　塔　尼　亞

阿　非

146 B.C.
羅馬打敗迦太基
帝國，領土擴張
至北非地區。

羅馬以雄厚的武力擴充疆域，版圖橫跨歐亞非三大洲，是歷來西方各國效法的目標，但其對後代最深厚的影響卻是根基於務實性格所產生出來的公共設施、建築、法律等各方面，如法律、公共建築等。

薩爾馬特人

阿蘭人

黑　海

達基亞

麥西亞

帕提亞

●君士坦丁堡

小亞細亞

馬其頓

敘利亞

亞克興角

耶路撒冷

地　中　海

埃及

330A.D.
君士坦丁大
帝定都於拜
占庭，並以
自己的名字
為城市命
名，後來成
為東羅馬帝
國首都。

利加

31 B.C.
屋大維在亞克興角擊敗安
東尼與埃及克麗歐佩脫拉
的聯軍，成功獨攬大權。

33A.D.
耶穌受難、復活之地，
被基督教視為聖地。

*B.C. 表示西元前，A.D. 表示西元後。
*------ 虛線內為羅馬帝國疆域。

171

◆文明起源

強敵環伺下興起的大國文明

羅馬在建國之初尚只是義大利半島上的一個小村落，但在發展過程中不斷吸收希臘、伊特魯里亞人等各民族的文化而強大，最終成為影響整個歐洲的文化大國。

羅穆勒斯建國傳說

西地中海地區相對於東地中海地區，發展較慢。但透過希臘與希臘化文化的傳播，西地中海地區也逐漸開發，最早受到影響的就是鄰近希臘的義大利。

早在西元前二十世紀，溫暖的義大利半島就有來自北歐的移民，此後，印歐民族也陸續南遷，其中一支即定居於義大利西部台伯河附近的平原台地，是早期的拉丁民族，他們將拉丁語傳入義大利，並逐漸擴展文化。而根據羅馬的古老傳說，羅馬的建國者是羅穆勒斯（Romulus），他是戰神之子，嬰兒時期即與他的孿生弟弟雷姆斯（Remus）被奪權的叔叔遺棄在台伯河邊，幸虧有一隻母狼用自己的奶水餵食他們，又被一名好心的牧羊人撫養，才得以順利長大。長大後，羅穆勒斯壯大勢力，奪回叔叔所竊取的政權，並建立自己的城市，西元前七五三年，兄弟二人為王位起爭執，他在殺害雷姆斯後建立了羅馬城，實施王政。相傳羅馬即是以他的名字命名。

一度被伊特魯里亞人統治

西元前八世紀，羅馬剛建國時，只是一個義大利半島西部的小村落，但在發展過程中，先是吸收來自希臘的文化，並受到伊特魯里亞人的影響，逐步發展壯大。當時羅馬面臨與四周民族如伊特魯里亞人、腓尼基人、希臘人和高盧人等爭戰的局面，但羅馬人最終不但一一擊敗各族，同時也吸收各民族的文化長處，其中以北方的伊特魯里亞人對羅馬的影響最大。

伊特魯里亞人又稱伊特拉士坎人，約西元前八百年至五百年左右，在義大利北部建立起高度發展的文化，甚至曾一度統治羅馬，建立伊特拉士坎王朝。西元前五○九年，伊特拉士坎王朝末代君王暴虐無道，遭到羅馬人驅逐，羅馬人此後改行共和體制。伊特魯里亞人擅長劍術、軍事戰爭和建造大型公共建設，對於羅馬文化有深遠影響，如拱門結構、地下水道等難度甚高的建築技術，以及陶器、鑲金等手工藝。伊特魯里亞人為羅馬修築城牆、廣場、競技場、下水道和大型神殿，讓羅馬躍身成為一座都市化的大城鎮，更重要的是，羅馬人以伊特魯里亞人的字母為基礎，發展出自己的字母系統。儘管受到伊特魯里亞人統治，羅馬人並未因此被同化，而是逐步發展出自己的文明，並使四周的民族在經過長時間的融合後，成為羅馬文化的一部分。

羅馬文明 Vs. 世界重要大事年表

羅馬文明大事　　世界大事

1000 B.C.

● 900 B.C. 希臘城邦國家興起

● 753 B.C. 羅馬建國

王國時代

● 509 B.C. 羅馬進入共和時代　　● 508 B.C. 雅典建立民主政體
500 B.C.
● 451B.C. 十二木表法產生　　● 500 B.C. 釋迦牟尼創立佛教

● 330 B.C. 亞歷山大擊敗波斯帝國

● 272 B.C. 羅馬統一義大利全境　　● 272 B.C. 印度阿育王即位

共和時代

● 221 B.C. 中國秦朝統一中國
● 168 B.C. 羅馬成爲跨歐亞非三洲大國　　● 206 B.C. 中國漢朝開始

● 138 B.C. 中國張騫出使西域

● 27 B.C. 羅馬進入帝國時期
1 A.D.
● 33 A.D. 耶穌受難
● 64 A.D. 尼祿焚城　　● 105 A.D. 東漢宦官蔡倫改良造紙術
● 96 A.D. 五賢帝時代開始
● 117 A.D. 羅馬版圖達到最大　　● 208 A.D. 中國發生赤壁之戰

● 227 A.D. 波斯開始進入薩珊王朝

帝國時代

● 286 A.D.
戴克里先將帝國分爲東西兩區
● 313 A.D.
君士坦丁大帝承認基督教　　● 320 A.D. 古印度開始進入笈多王朝

● 391 A.D.
狄奧多西皇帝立基督教爲國教
● 451 A.D. 匈奴王阿提拉席捲歐洲
● 476 A.D.
西羅馬滅亡，東羅馬至 1453 年滅亡。
500 A.D.
*B.C. 表示西元前，A.D. 表示西元後。

西元前 509 年～西元前 27 年◆共和時代
避免王權集中的共和體制

結束王政體制後，羅馬人為了避免王權過於集中，改實施共和制，但政權仍集中於貴族手上，因而導致平民與貴族間衝突不斷，產生一連串政治改革。

共和時代的政治運作模式

西元前五○九年，伊特拉士坎王朝第七代國王「傲慢王」蘇佩布（Tarquinius Superbus）因暴虐無道，遭到羅馬人驅逐，此後羅馬為了避免王權過於集中，改為實行共和體制。每年由市民組成的百人團會議從貴族中選出兩名執政官，負責掌握國家最高的軍事和行政大權。儘管執政官握有很大的權力，可管理國家的行政、財政、法律等權力，但他們必須接受元老院的建議。元老院由貴族組成，包括曾經擔任執政官的貴族。元老院自王政時期即存在，做為國王的諮詢和顧問機構，人數曾多達三百人，至共和時期，仍延續其諮詢機構的性質。元老院除給予執政官、公民大會建議之外，也具有審議國家政事和指派地方官員的權力。一般平民可透過公民大會參與政治，公民大會包括氏族議會（Curiate Assembly）百人團議會（Century Assembly）和部族議會（Tribal Assembly）。公民大會由貴族和平民組成，雙方經常意見分歧。

平民爭取權益，產生法律

羅馬共和初期的政治主要仍掌握在少數貴族手中，不論是執政官或是元老院都是貴族出身，身分不但世襲，也擁有一些政治和宗教特權。此外，雖然理論上執政官必須遵照公民大會表決結果行事，但實際上卻不一定如此，因此當平民的權力無法伸張，便會加劇貴族與平民間的衝突。

西元前四九四年，在外族入侵羅馬時，平民拒絕作戰，反而手持武器集體離開羅馬，撤退到城外東北方的「聖山」（今義大利拉齊歐省阿涅內河畔）並揚言建立新的平民市政。為了平息民怨，貴族讓平民選出可以捍衛平民權益的護民官，並成立完全由平民組成的平民議會（Plebeian Council），用來表決跟人民有關的政治問題。西元前四五一至四五○年，平民更要求十人立法委員會公布法律，使審判有所依據，且須不分階級共同遵行，此即《十二木表法》，是羅馬成文法典的濫觴。

隨著不斷的政治改革，羅馬平民的權力得以伸張，護民官不僅可以頒布對平民有利的法令，更可以否決執政官或元老院對人民不利的政策；西元前三六七年，《李錫尼法》的制定使平民也有擔任執政官的機會，平民與貴族之間的鬥爭逐漸平息，羅馬政權也趨於穩定。

羅馬共和時期的政治組織

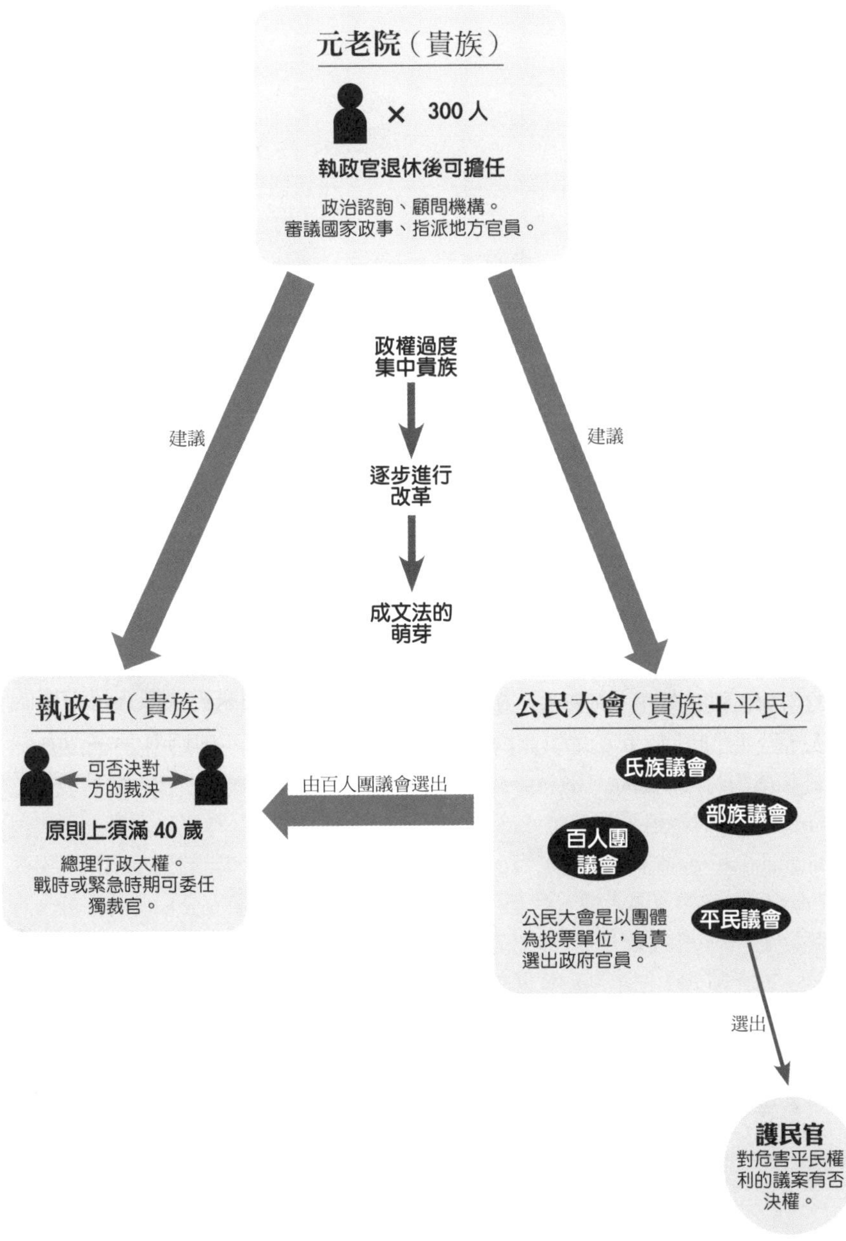

元老院（貴族）

👤 × 300 人

執政官退休後可擔任

政治諮詢、顧問機構。
審議國家政事、指派地方官員。

政權過度
集中貴族
↓
逐步進行
改革
↓
成文法的
萌芽

建議

建議

執政官（貴族）

👤 ←可否決對→ 👤
　　方的裁決

原則上須滿 40 歲

總理行政大權。
戰時或緊急時期可委任
獨裁官。

由百人團議會選出

公民大會（貴族＋平民）

氏族議會

部族議會

百人團
議會

平民議會

公民大會是以團體
為投票單位，負責
選出政府官員。

選出

護民官
對危害平民權
利的議案有否
決權。

從三頭政治走向獨裁政權

共和制實施到後來逐漸有權力集中於軍事領袖的傾向，並出現一人掌控的獨裁政權，繼凱撒之後，屋大維逐漸成為皇帝，羅馬開始走向帝國時期。

共和→三頭→獨裁

羅馬剛建國時還只是個小國家，在不斷征戰的過程中逐漸擴張領土，先是在西元前二七二年統一整個義大利，並發動三次布匿克戰爭，征服迦太基，勢力到達北非地區；接著又打敗馬其頓王國，控制整個希臘地區及伊比利半島（今西班牙、葡萄牙），並進占小亞細亞，最終成為橫跨歐、亞、非三大洲的大國。

但過度的領土擴張也造成羅馬境內動盪不安，頻繁爭戰使得農村經濟衰退，大莊園經濟興起，破產農民與奴隸大幅增加，社會衝突不斷；此外，成為羅馬同盟城市的地區為了爭取公民權，也發動戰爭，在如此內戰外亂頻傳的時代，凱撒（Gaius Julius Caesar）、龐培（Gnaeus Pompeius Magnus）和克拉蘇（Marcus Licinius Crassus）掌握軍事大權，平定內亂、穩定政局，形成羅馬第一次三頭政治。西元前五十三年，克拉蘇戰死，原本平衡的三頭政治瀕臨瓦解，西元前四十六年凱撒擊退龐培，宣布自己為終身的獨裁官，且為執政官，獨攬軍政大權於一身，羅馬的共和體制實際上已名存實亡。

開始走向帝國統治

儘管凱撒廣受愛戴，卻在西元前四十四年被刺身亡，羅馬政局又陷入內戰狀態。凱撒的部將安東尼（Mark Antony）控制內亂的局面，獲得義大利軍隊的支持，並與凱撒的養子屋大維（Gaius Octavius Thurinus）、將領雷必達（Marcus Aemilius Lepidus）結成同盟，開啟羅馬第二次三頭政治。

隨後，野心勃勃的屋大維逐步掌控國家大權，先是不斷宣揚自己凱撒養子的身分，藉此尋求民眾支持，拉攏人心，待時機成熟後再奪取雷必達的軍權，接著打敗安東尼。在安東尼自殺之後，再也無人可與其對抗。西元前二十七年，元老院授予他更高的權力，以及「奧古斯都」的封號，此封號有「神聖、尊崇」之意，人民也尊奉他為神。西元前二十三年，屋大維又被賦予「第一公民」的身分，意為元老院的首席元老，權力在眾元老之上，並超越護民官，集軍事、行政、立法大權於一身。當時的羅馬表面上仍維持共和政體，元老院與公民大會也仍維持運作，但實際上屋大維已有皇帝的實權，此即羅馬帝國建立的開始。屋大維的統治為羅馬帶來四十年的和平與繁榮，史稱羅馬和平時期。

羅馬政治的演變

共和政治

推翻暴虐的國王後，為了避免王權集中而產生的貴族與平民共同執政模式。

執政官	元老院	公民大會
貴族	貴族	貴族 + 平民

 實際權力易集中於貴族之手。

寡頭政治

國內外情勢不穩，內亂、內戰紛起，造成政權集中在少數人手中。

 易發展為獨裁政治。

獨裁政治

寡頭政治的平衡只要被打破，政權便極容易集中在一人手上。

產生極大的政治動盪，如暗殺或政體改變等。

◆建築成就
務實性格建造出高品質公設

帝國時期羅馬將大量財富投入大型公共建設的興建，本為彰顯帝王的豐功偉業。但其務實的個性，卻造出許多令人嘆為觀止的建築。

相當現代化的公共設施

羅馬人個性務實，重視各種實務建設，並擅於將科學研究應用於實務建設中，因此，在羅馬文化中最受人矚目的莫過於各種雄偉的羅馬建築。

帝國時期的羅馬人已經知道利用砂、石和石灰製成混凝土，再以混凝土興建各種現代化公共設施，包括道路、下水道、橋樑、競技場、大型浴場和萬神殿等。當時的羅馬城是羅馬帝國的政治、經濟、文化重心，也是當時地中海世界的中心，因此羅馬城的建設可說是當時最先進的。重視衛生的羅馬人，將羅馬城內下水道、汙水處理系統與供水設備設計得十分複雜嚴密，從王政時期到共和時期歷經多次修建，當時最大的下水溝，長度達九百公尺。帝國時期，羅馬也在其統治的殖民地區建設排水系統，西班牙和法國境內至今仍保存有當時古羅馬設置的水道橋和供水設施。除此之外，大型浴場也是當時的代表建築之一，浴場不僅可以洗浴、蒸氣，卡拉卡拉浴場內甚至設有圖書館，對羅馬人而言，浴場不僅做為清潔之用，同時也兼具娛樂休閒與社交功能。

宣示王權的大型競技場

另一項羅馬人的代表建築是競技場。角鬥是當時羅馬人的娛樂，分為人與人以及人與獸角鬥兩種。角鬥的表演者多為奴隸、戰俘或罪犯，經過危險的搏鬥，皇帝和觀眾可決定戰敗者的生死。曾有一則記載奧古斯都功績的碑文，上頭描述其曾殺了三千多頭的野獸，供民眾觀賞，由此可知，奧古斯都實以這類大型競技表演來誇耀自身的權力，日後統治者也延續這樣的習慣，而競技場就是提供這類角鬥的場所。西元七十二至八十年，皇帝維斯帕先（Vespasian）與其子提圖斯（Titus）更建造一座可以容納五萬多人的圓形競技場。

圓形競技場的外形十分壯觀，主要是仿照半圓形的希臘劇場而來。羅馬人以混凝土架設拱門結構，將希臘劇場中原本依山而建的觀眾席一層一層架高，並將半圓形連接成一個橢圓形。為了防止觀眾的混亂和出席貴族的安全考量，競技場每一層看台的觀眾是有嚴格區分的，座位旁邊的拱形結構即是出入口，讓每個觀眾都可找到對應自己位置的拱門入場，這種設計一直沿用至今，形成今日大型體育場的設計原型，台灣的體育場也同樣參照此設計。目前圓形競技場已被列入世界七大奇景之一。

羅馬競技場的構造

天篷
夏天無風，溫度容易過高，因此會用周圍的柱子搭起天篷，以遮蔽烈陽。

觀眾席
以階級、性別、職業等各種方式來區分座位，最前面三排是給元老院和貴族坐的，女性則在最後方區塊。

出入口
為有效區隔和控制群眾，每個區域都僅有一個獨立的出入口。

地下室
用來放置野獸和正式角鬥用的特殊道具。

競技場地
木造，上面再鋪上一層沙子，用來吸收戰士或鬥獸的血。

◆交通與商業
道路與貿易網絡遍及歐亞非

羅馬帝國的道路網最早是為了軍事需求和統治而建，但也帶來前所未見的商業榮景。
交易貨物不僅有糧食必需品，還有各種稀少珍貴的奢侈品和奴隸。

以道路網串聯全歐洲

　　自羅馬帝國初期起，羅馬維持一百多年的和平（西元前二十七年至一九二年），史稱「羅馬和平」，儘管暴君尼祿（Nero）的統治曾讓羅馬陷入一場大火和短暫混亂，但相對其他時代來說仍是穩定的，尤其是自西元九十六年起涅爾瓦（Nerva）所開啟的「五賢帝時代」，更是羅馬帝國的全盛時期，圖拉真（Trajan）皇帝在位時羅馬領土擴張至最大，並獲得「最佳皇帝」的稱號。

　　為了統治各行省，及方便軍隊移動與供給軍需物資，圖拉真等羅馬皇帝修築綿密的軍用公路、橋樑，這些公路總長度達八萬多公里，綿延至羅馬在歐、亞、非三洲的各行省、邊界。這些道路都先經過土地平整，再一層層的鋪上石料、石塊和碎石，最後鋪上石板才完成，每一條都是筆直寬廣、排水良好的大道，有的至今仍在使用，如今日英國的埃爾邁恩街（Ermine Street）就是羅馬在英國建設的主要公路，可從倫敦到約克和林肯郡。公路沿線城市的建設多達一百個，包括英國的倫底紐（Londinium，今倫敦 London）、法國的尼姆色斯（Nemausus，今尼姆 Nimes）、阿爾及利亞的塞穆加迪（Tamugadi，今提姆加德 Timgad），以及敘利亞和土耳其等，這些城市裡有劇場、浴場、排水設施等充滿羅馬特色的建築，當時的歐洲在這些道路的打造下，成為一個統一的羅馬世界。

已發展出季風貿易

　　道路建設雖然是基於軍事目的而建，卻也帶來繁華的商業活動與文

羅馬道路網與交易貨物

北　海

不列顛

大

西

洋

高盧

西班牙

化交流的影響，便利的交通運輸網讓商人得以前往各地開發新市場，再運回各種貨物，使不少當時興建的城鎮成為重要的貿易大城。除了陸上交通便利，海上交通也十分興盛，船隻的載重量相當龐大，各港口設置停泊的船塢，羅馬皇帝也對港口進行修繕，這些都影響當時的商業發展。

除此之外，希臘、羅馬時期也注意到印度洋上的季風，並利用季風航行，使貿易市場除了延伸到不列顛群島和大西洋沿岸的各港口之外，甚至遍及遠東的印度和中國，位於歐亞非三洲交通樞紐的埃及亞歷山卓城，是當時最大的商業城市。羅馬主要的作物為橄欖和葡萄，因此每年必須從東方行省輸入大量的糧食作物。而來自東方世界的絲綢、絹織物、香料和香水則是羅馬社會的奢侈品。此外，還有來自非洲的象牙、黃金，高盧盛產的玻璃製品和陶器、埃及的莎草也都在貿易商品之列。進口的貨物為羅馬帝國帶來龐大的關稅收入，國家財源豐收，經濟也快速發展。

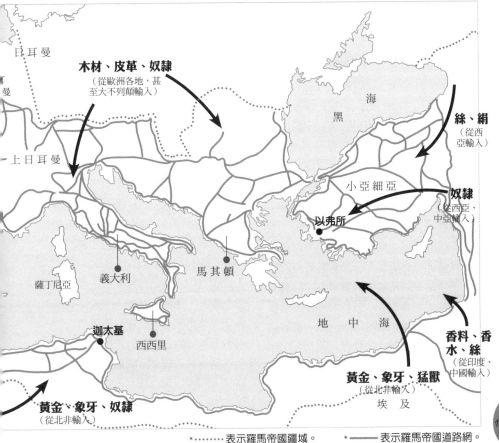

木材、皮革、奴隸
（從歐洲各地，甚至大不列顛輸入）

絲、絹
（從西亞輸入）

奴隸
（從西亞、中亞輸入）

香料、香水、絲
（從印度、中國輸入）

黃金、象牙、猛獸
（從北非輸入）

黃金、象牙、奴隸
（從北非輸入）

日耳曼

上日耳曼

黑　海

小亞細亞

以弗所

薩丁尼亞　　義大利　　馬其頓

地　中　海

迦太基　　西西里

埃　及

*┈┈┈┈ 表示羅馬帝國疆域。　* ━━━━ 表示羅馬帝國道路網。

◆成文法典
成為歐陸法基礎的羅馬法

羅馬法起源於西元前四五一年的十二木表法，歷經多位法學家、皇帝的編修鑽研，至查士丁尼大帝時集大成，成為今日歐陸法系的根源。

羅馬最早的成文法

十九世紀的德國法學家耶林（Rudolf von Jhering）提到，羅馬曾三次征服世界，第一次是透過軍隊，第二次是宗教，第三次是法律，一次比一次更徹底，其中以法律的影響最為深遠。

羅馬法起源於「十二木表法」，西元前四五一年，為解決平民與貴族之間的紛爭，讓貴族無法再以原本的習慣法來損害平民權益，成立十位委員會來整理原本的習慣法，並於西元前四五一至四五〇年編纂而成。

十二木表法是羅馬人的日常生活法典，同時適用於貴族和平民，它的內容涵蓋民法和訴訟程序，包括傳喚、審判、求償等，也涉及家長權、財務及債務權、所有權、繼承、監護、房屋土地、私法、公法和宗教法等，是羅馬習慣法的總整理。儘管十二木表法的內容並未明定貴族和平民是平等關係，也依然存在原始社會中的報復習慣，卻是羅馬法發展過程的重要里程碑，被認為是日後羅馬法的根源，也是羅馬最早的成文法。可惜的是，十二木表法已於西元前三九〇年高盧人入侵羅馬時焚毀於戰火。

查士丁尼法典集大成

隨著羅馬領土的擴張，羅馬法又分為市民法和萬民法。市民法是羅馬本國人適用的法律，萬民法則是用來處理涉及各異國民族的法律，羅馬人與各民族都必須遵守，萬民法成為國際私法的根源。帝國初期是羅馬法發展的高峰，法學家對羅馬法的研究使羅馬法日趨完整，羅馬皇帝也頒布大量與法律相關的敕令，這些敕令後來也成為羅馬法的一部分。

帝國後期，不少皇帝對羅馬法進行編纂，包括君士坦丁（Constantinus I Magnus）、狄奧多西（Theodosius I）等，至東羅馬帝國的查士丁尼大帝（Justinian I）時期所整理編纂的《民法大全》，又稱查士丁尼法典，是羅馬法的集大成，其內容包含四個部分，第一部是包含各代皇帝敕令、法規的《法典》（或稱敕令典），第二部是集結法律學者們解答法律論述的《學說彙編》，第三部則為法學家特里波西安（Tribonian）編纂作為法學生學習入門教材的《法學總論》，或稱《法學階梯》。第四部是查士丁尼完成法典後，法學家整理其在位時陸續新增的敕令編成的《新律》。這部民法大全集結羅馬帝國全盛時期以來的法律條文，內容以民法為主，成為歐陸法民法部分的重要基礎。

羅馬法的發展

羅馬時期

起源 十二木表法：共和時期整理原先的習慣法而來。

發展 市民法：本國人適用的法律。
萬民法：領土擴張後新增的他族所適用的法律。

西羅馬帝國時期

西元 5 世紀西羅馬帝國被日耳曼民族滅亡後，羅馬法成為日耳曼民族法律的一部分。

東羅馬帝國時期

西元 6 世紀，查士丁尼集大成，稱為《民法大全》，在 15 世紀東羅馬帝國滅亡後仍影響東歐。

共有

法典	學說彙編	法學總論	新律
收錄當時仍存在的皇帝敕令。	集結法學論述。	法學生的入門教材。	查士丁尼時期所頒布的新法。

西歐羅馬法復興

西元 1070 年，在義大利北部發現《民法大全》中的《學說彙編》。

掀起一股應用與研究熱潮。12 世紀義大利波隆納大學開始教授羅馬法。

學者研究《民法大全》加上自己的註解，並發現多處矛盾之處加以解釋修訂。

《法國民法典》制訂

由來 拿破崙與法國法學家制訂，1804 年公布，又稱為《拿破崙法典》。

來源 採用《民法大全》中《法學總論》的架構。

內容
●各種所有權及如何取得。
●人可依其自由訂立契約。
●若有過失需負法律責任。

影響 成為歐洲各國制定法典的參考依據，也是歐陸法主要來源之一。

**形成歐陸法系的基礎
台灣法律也深受歐陸法系影響**

西元 28 年～西元 392 年◆基督教發展
基督教從禁教到成為羅馬國教

在羅馬帝國時期誕生的基督教，早期傳教並不順利，甚至有很長的時間遭受到迫害，但最終不但合法還取得國教地位，並成為中古時期安定社會的力量。

耶穌基督的創教與殉難

相傳基督教的創立者是耶穌，生於西元前四年左右，當時耶穌成長的地區境內多猶太人，信仰猶太教。西元二十八至二十九年，原本信仰猶太教的耶穌受到施洗者約翰「救世主」思想的影響，開始在猶太省傳道，自稱是上帝之子，並到處為人醫病、驅鬼、施洗，以招募信徒。耶穌的主張給予下層階級民眾獲得救贖的希望，隨著關於他的種種神蹟被散播開來，跟隨他的人也愈來愈多，不少人將他視為《舊約聖經》中的「彌賽亞」，意為上帝派來的救世主。耶穌傳教的做為招致猶太教領導人的不滿，在西元三十三年，耶穌至耶路撒冷傳教時，猶太教人以莫須有的罪名向羅馬政府控告耶穌煽動信徒叛國、不向羅馬皇帝繳稅，耶穌因而遭到審判、鞭打，最後更在群眾壓力下，羅馬帝國派駐猶太省的總督比拉多（Pilatus）被迫判處耶穌死刑，耶穌被釘在十字架上，羅馬士兵以長矛刺穿他的身體。根據《新約聖經》記載，受難而死的耶穌卻在三天後奇蹟似的復活，並在門徒的面前展現，四十天後升天。因此耶穌的信徒們成立教會，尊稱耶穌為耶穌基督，此即基督教產生的由來。

因不願崇拜皇帝而遭到迫害

羅馬宗教原為多神信仰，包括天神朱彼特（Jupiter）、戰神馬爾斯（Mars）等，各自掌管不同事物。與希臘接觸後，羅馬宗教逐漸希臘化，並引用希臘神話發展出羅馬神話。

基督教初期傳教情形

北海
不列顛
大
西
洋
高盧

6 63 A.D.
聖腓力與聖若瑟阿黎馬特等人至高盧傳道。

6 63 A.D.
聖若瑟阿黎馬特到不列顛傳教。

奧古斯都即位後，羅馬皇帝逐漸被神格化，皇帝本人與其家族皆被視為神，並接受眾人的崇拜。然而與此同時，東方各省的宗教也不斷發展，基督教便是一例。原本羅馬政府對於各宗教採取寬容政策，但因為基督教徒不願崇拜羅馬皇帝，導致羅馬皇帝心生不滿，才會在其他宗教的挑撥下，變成羅馬皇帝的眼中釘。西元六十四年，羅馬發生大火，尼祿皇帝（Nero）為闢除自己縱火的謠言，將縱火原因歸咎於基督徒，自此開始大肆虐殺基督教徒。此後的羅馬皇帝也持續逮捕、處死基督教徒，長達兩百多年。殉道的基督教徒不斷增加，西元三〇三年，戴克里先（Diocletianus）皇帝為了鞏固羅馬帝國統治，決心消滅教會勢力，對基督教徒進行最大規模的政治迫害，基督教徒若是不背棄信仰，

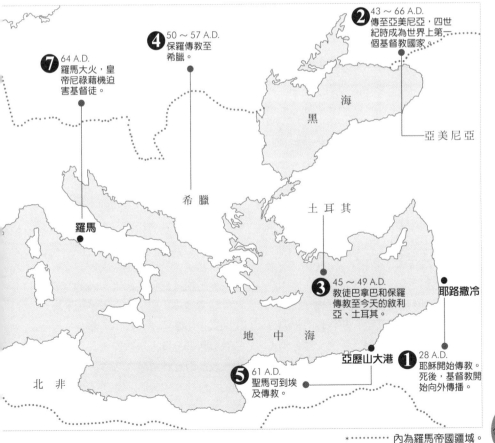

② 43 ～ 66 A.D.
傳至亞美尼亞，四世紀時成為世界上第一個基督教國家。

④ 50 ～ 57 A.D.
保羅傳教至希臘。

⑦ 64 A.D.
羅馬大火，皇帝尼祿藉機迫害基督徒。

黑 海

亞美尼亞

希 臘

土 耳 其

羅馬

③ 45 ～ 49 A.D.
教徒巴拿巴和保羅傳教至今天的敘利亞、土耳其。

耶路撒冷

地 中 海

亞歷山大港

① 28 A.D.
耶穌開始傳教。死後，基督教開始向外傳播。

⑤ 61 A.D.
聖馬可到埃及傳教。

北 非

*‥‥‥‥‥ 內為羅馬帝國疆域。

即遭到殺害，此一迫害行動一直持續到西元三一三年，直到君士坦丁（Constantinus I）皇帝頒布《米蘭敕令》才停止。

在迫害下仍堅持傳教

基督教建立初期，在耶穌門徒彼得和保羅的帶領下，於耶路撒冷成立教會，並開始到各地傳教。但在西元四世紀前，因受到猶太教徒和羅馬政府的阻擾和迫害，基督徒受到大規模壓迫而四處逃亡，儘管如此，基督教徒依然堅定信心、更加團結地向外傳道。這份團結正是讓基督教傳播至猶太省、希臘、馬其頓和小亞細亞等北地中海地區的關鍵，西元二世紀，基督教傳至北非地區，信徒也從下層階級的奴隸、貧民擴展至中層階級。早期信徒的傳教活動為基督教奠定重要根基，基督徒的殉道讓人動容，加上羅馬歷經百年戰亂，痛苦的人民向宗教尋求精神上的解脫，使得基督教徒人數不減反增，到西元三世紀末，基督教已成為地中海地區重要的信仰。

基督教的傳播在各地形成龐大的教會組織，是其傳教成功的原因之一，同時基督教的重要經典《新約聖經》也在此時產生。基督教的經典分為《舊約聖經》和《新約聖經》兩大部分，《舊約聖經》是來自於原本猶太教的經典，內容與原本猶太教的經典略有不同。《新約聖經》則是各使徒至各地傳教時，對信徒講述耶穌生前的言行，以及使徒的書信言論等。

成為合法宗教之後的發展

西元三一三年，君士坦丁頒布《米蘭敕令》，承認基督教為合法宗教，並下令歸還被沒收的教會財產，這是基督教發展的轉捩點，從此基督徒擺脫被迫害的命運，基督教也得以快速發展。雖然君士坦丁之所以承認基督教，是有其考量，為了在帝位爭奪的內戰狀態中獲取廣大基督徒的政治支持，但在重新統一羅馬之後，也給予基督徒許多特權，如免稅、審判權等，更興建許多重要教堂，並主持基督教會議、統一基督教教義，最後在臨終前也成為基督徒。

君士坦丁之後的羅馬皇帝大多承繼其基督教政策，也多受洗為基督教徒。到狄奧多西（Theodosius I）皇帝在位期間，不僅沒收其他宗教財產、關閉其他宗教的廟宇神殿，更禁止其他非基督教的宗教活動，將基督教定為國教。教會組織在國家力量的支持下穩定發展，並獲得許多權勢與資產，甚至成為與羅馬帝國地方政府平行的機構。日後西羅馬帝國勢力瓦解，日耳曼人入侵、建立國家，王國之間戰爭不斷造成人民生活痛苦，此時基督教便發揮出宗教安定人心的作用，成為穩定社會最大的力量。

耶穌一生及相關禮俗

耶穌的一生

出生
聖母瑪利亞受聖靈感孕後，在伯利恆生下耶穌。

→ **聖誕節**
- 教會在前一晚的聖誕夜舉行子夜彌撒、唱詩歌、報佳音。
- 孩童相信聖誕老公公會來送禮物，親友在聖誕樹下放禮物並交換。

外顯
東方三賢士來見出生不久的耶穌，耶穌第一次在外邦人面前顯露。

→ **主顯節**
- 每年 1 月 6 日。
- 各地慶祝方式不同，如法國分食國王餅（因三賢士又稱三王）、中國東北在中俄邊境地區舉行冬泳。

受浸
施洗約翰為耶穌施浸。此後聖靈降臨，確定耶穌是神之子。

→ **洗禮**
- 將祝聖過的水撒在受洗者的頭上，或是將他放進水裡。
- 意味受洗者正式取得教徒身分。

受試探
聖靈引導耶穌到曠野禁食四十晝夜，期間魔鬼曾企圖試探他，但未成功。

→ **四旬期**
- 復活節前的 40 天準備期。
- 期間有彌撒、禁食守齋、懺悔等禮儀。

進入耶城
耶穌進入耶路撒冷，受到民眾手持棕櫚樹枝歡迎。

→ **棕枝主日**
- 四旬期最後一週（聖週）的第一天。
- 強調耶穌的榮耀，用棕枝裝飾教堂。

最後晚餐
耶穌與門徒一起用餐過逾越節，並為門徒洗腳。

→ **濯足節**
- 教會以禮拜和互相洗腳來紀念。
- 洗腳代表潔淨和謙卑。互相洗腳有彼此服侍、彼此相愛之意。

耶穌與教徒用完餐後被捕。

→ **聖餐禮**
- 教徒分享象徵耶穌身體和血的餅和葡萄酒（或葡萄汁）。
- 此前不可進食，喝水除外。

受難
耶穌被處死刑，並被釘在十字架上。

→ **耶穌受難節**
- 教徒藉拜苦路活動體會耶穌的苦難。
- 苦路指耶穌從判死刑到埋葬的整個過程。

復活
耶穌在死後第三天復活。並在門徒的面前顯現。

→ **復活節**
- 象徵多產的復活節兔送彩蛋與禮物給孩子。
- 孩子在象徵生機的復活節彩蛋上做畫。

升天
耶穌復活 40 天後升天。

→ **耶穌升天節**
- 復活節（星期日）後的第 40 天，通常是星期四
- 法國、德國、荷蘭、印尼等國定為假日。

西元 286 年～西元 476 年◆帝國的衰落

帝國榮光的殞落與懷念

儘管羅馬帝國疆域廣大、盛世久長，但因為內政問題，也導致內戰不斷，繼而分裂、衰亡。儘管帝國不再，但帝國曾經擁有的榮光仍是後代歐洲人最為景仰的部分。

因過於龐大而分裂

奧古斯都後，羅馬有長達兩百多年間的盛世，領土也擴張至最大，西至不列顛群島，東達兩河流域，南及非洲的撒哈拉沙漠，北至多瑙河與萊茵河一帶，經濟繁榮，與印度、中國等遠東諸國有貿易往來，是羅馬帝國的黃金時代，史稱「羅馬和平」。

然而在有「哲學家皇帝」美稱的奧里略皇帝（Aurelius）死後，羅馬卻陷入因帝位爭奪而起的百年內戰。最後在戴克里先皇帝（Diocletianus）的平定下，重新統一羅馬政局，也成功抵擋外患入侵。為了妥善治理龐大的羅馬帝國，他將帝國分為東、西兩部，並開啟東西兩部各有一位主皇帝和副皇帝的統治制度，此即「四帝共治」制，為日後的羅馬分裂埋下伏筆。後來君士坦丁皇帝曾一度廢除四帝共治，將政權完全掌握在手上，但在西元三九五年狄奧多西皇帝死前，又將東西羅馬分給他的兩個兒子繼承，從此羅馬帝國一分為二，以亞得里亞海為界，西羅馬帝國以羅馬為首都，東羅馬帝國以君士坦丁堡為首都。

日耳曼蠻族的入侵

西元二世紀末至三世紀末近百年的戰亂時期，羅馬社會因內部的鬥爭而損耗國力，北方日耳曼人侵擾的問題也日益嚴重，龐大的軍力維持更造成國家經濟的負擔。分裂後的西羅馬帝國，國勢更為衰弱，經濟蕭條、人口銳減、土地荒蕪，不論城市或鄉村都明顯出現衰敗的景象。原本居住於帝國邊境，尚未開化的蠻族以傭兵或佃農等方式逐漸滲透至帝國內部。

然而羅馬人與蠻族之間依然存在著對立與威脅關係。西元四世紀到七世紀，匈奴人入侵東歐，造成日耳曼民族大遷徙，包括西哥德人、東哥德人、汪達爾人等被迫往西遷徙，西哥德人和汪達爾人先後入侵洗劫羅馬城，並陸續在羅馬帝國境內建立自己的國家，對羅馬造成嚴重的破壞。

西元四七六年，日耳曼人軍隊領袖奧多亞塞（Odoacer）廢黜西羅馬帝國最後一位皇帝羅穆勒斯（Romulus），西羅馬帝國宣告滅亡。東羅馬帝國因為經濟的穩定以及君士坦丁堡的優勢，得以免於戰禍。雖然西羅馬帝國滅亡後，羅馬帝國榮光不再，但日耳曼民族建立的王國都企圖效法羅馬帝國統一全歐洲，以羅馬的繼承者自居。

緬懷羅馬帝國的榮光

爭奪羅馬正統地位
- 東、西羅馬皆以羅馬帝國為名。
- 東羅馬與日耳曼民族經常為爭奪義大利而戰。
- 東羅馬痛恨教會加冕外族國王為羅馬皇帝，造成日後天主教分裂。

查士丁尼重新打造羅馬帝國
- 東羅馬皇帝查士丁尼大帝致力恢復被日耳曼人所占領的地區。
- 最後仍因其去世而功虧一簣。

神聖羅馬帝國的產生
- 鄂圖一世受冕為羅馬皇帝後，逐漸產生神聖羅馬帝國。
- 神聖羅馬帝國及日後的德意志帝國皆以古羅馬繼承者自居。

不少國家自稱是羅馬繼承者
- 歷來許多國家以歷史傳承等因素自稱為羅馬帝國的繼承者。
- 如鄂圖曼土耳其帝國、莫斯科公國、奧地利帝國等。

帝國榮光的緬懷表現

西歐國王陸續加冕為羅馬皇帝
- 西元 800 年，法蘭克國王查理曼被加冕為「羅馬人的皇帝」。
- 西元 962 年，教宗加冕德意志國王鄂圖一世為「羅馬皇帝」。

拿破崙征服歐洲
- 拿破崙幾乎征服全歐洲，1804 年加冕為法蘭西人的皇帝及義大利國王。
- 他以查士丁尼的《民法大全》為架構制定《拿破崙法典》。

力倡義大利恢復古羅馬光榮
- 19 世紀義大利爭取獨立，領導者馬志尼號召恢復古羅馬光榮。
- 掀起二次大戰的獨裁者墨索里尼也曾以「恢復古羅馬光榮」為口號向外侵略。

歐盟以和平合作方式整合歐洲
- 歐盟歐洲整合的概念，源自凱撒和查里曼以來統一歐洲的理想。
- 起源於 1951 年西德、盧森堡、法國、義大利等六國所成立的歐洲煤鋼共同體。截至 2013 年已有 28 個會員國。

第八篇

西元前21世紀～西元16世紀
中南美洲文明

當地主食玉米、馬鈴薯變成世界主食之一。	「零」的觀念只比兩河流域文明略晚。	阿茲提克時已有人工島的建築。

西元十四世紀，歐洲正如火如荼的展開文藝復興，所有文化、藝術、學術的發展臻於巔峰。然而此時，相隔大西洋的另一端，中南美洲的印加、阿茲提克等文明，因為與外界隔絕，大多還停留在新石器時代。儘管中南美洲文明發展緩慢，但是卻有著高度發展的金字塔、建築和天文曆法，就連十六世紀西班牙人入侵時也曾讚嘆不已。

發展出獨特的20進位法。

以金字塔為中心的城市規劃。

十六世紀前獨自發展的古文明

長期以來幾乎與外界隔絕的中南美洲印加、阿茲提克等文明，雖在文明發展上的進程較為緩慢，但卻有驚人的文明成就，如雄偉高聳的金字塔及相關城市建設、綿延數萬里的公路網絡和進步的天文曆法，令十六世紀入侵的西班牙人讚嘆不已。

約 100 A.D.
迪奧狄華肯文明興盛

1200 B.C.
出現以聖羅倫佐為中心的奧爾梅克文明

墨西哥

猶加敦半島

迪奧狄華肯

特諾克蒂特蘭

聖羅倫佐

提卡爾

貝里斯

猶加敦半島

瓜地馬拉

薩爾瓦多

1300 A.D.
阿茲提克人建立特諾克蒂特蘭城

400 B.C.
馬雅文明的提卡爾城開始建設

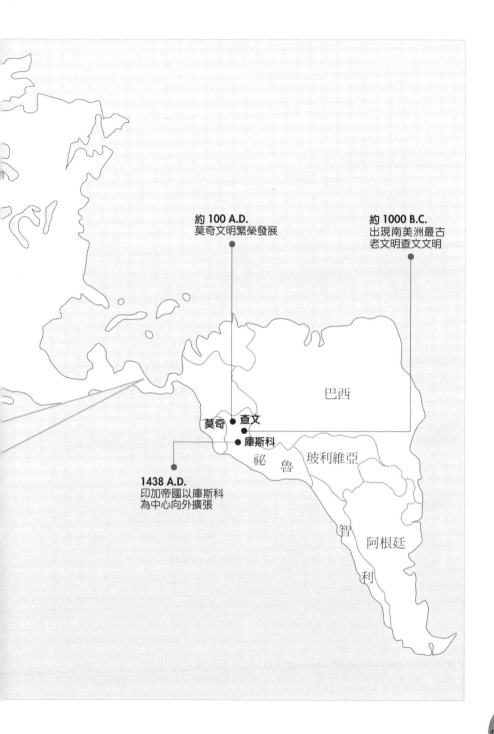

約 100 A.D.
莫奇文明繁榮發展

約 1000 B.C.
出現南美洲最古
老文明查文文明

巴西

莫奇 ● 查文
● 庫斯科
祕 魯 玻利維亞

1438 A.D.
印加帝國以庫斯科
為中心向外擴張

智 阿根廷

利

*B.C. 表示西元前，A.D. 表示西元後。

◆文明的發展

地形封閉導致文明進展緩慢

中南美洲文明較少與外界密切接觸,因而文明發展較為平緩,儘管如此,中南美洲的古文明仍有許多高度發展的成就,並在後來的文化交流中傳遍全世界。

很早即有農業發展

早在西元前四萬至一萬年前,美洲即有人類居住,西元前一萬年冰河期結束,美洲大陸才成為獨立的大型陸塊。文明發展方面,可確定在西元前八千年左右已有生產穀物;在西元前八千五百至六千五百年左右,中南美洲成為根莖類作物的主要栽種區域,種植馬鈴薯、南瓜、木薯等根莖類,以及穀物、辣椒、花生、豆類等其他植物。西元前五千年,美洲最主要的主食─玉米已開始在墨西哥地區種植。隨著農業發展,也馴養各種動物,但數量並不多。雖然聚落城鎮的發展較為緩慢,但至少在西元前三千年,安地斯海岸地區已有村落出現。

中南美洲三大文明

西元前二千年左右,中南美洲文明開始萌芽。西元一千年左右,馬雅文明(Maya)吸收先前的奧爾梅克(Olmec)文明而興起,從墨西哥東邊的猶加敦半島,到瓜地馬拉、宏都拉斯和薩爾瓦多等地皆為其範圍,直到十二世紀文明才開始衰退。大約在西元十四世紀,中美洲形成另一個獨立的文明古國──阿茲特克帝國(Aztec),直到西班牙人入侵才結束。另一方面,南美洲最重要的文明古國是印加帝國,印加約在西元前六百年建立,至西元十二、十三世紀開始壯大,在十六世紀西班牙人進入之前,是稱霸南美洲的大帝國。相較於中南美洲,北美洲的發展則較為緩慢,但也曾有短暫的文明存在。

地理封閉性影響文明發展

美洲以大西洋與太平洋與其他大陸相隔絕,因此在西元一四九二年哥倫布發現美洲新大陸之前,歐洲人幾乎不知道在大西洋的另一端有另一個世界存在。同樣地,美洲原住民族除與加拿大、阿拉斯拉等地的愛斯基摩人,以及北歐的海盜有過接觸之外,也不知道其他各洲的存在。

因這種與世隔絕的地理環境,導致各文明缺乏與其他地區文明接觸、交流,發展較為緩慢,如除了南美洲的莫奇文明、印加文明已確定有青銅器的發展外,其他各區仍以石器為主,以及僅馬雅文明有較有系統的圖畫文字紀錄,其他文明大多未發明文字。儘管如此,中南美洲的古文明仍有許多高度發展的成就,如金字塔、天文曆法等,其主食作物,如玉米、馬鈴薯等,也在日後傳至歐洲,成為歐美地區的主食。

中南美洲文明 Vs. 世界重要大事年表

中南美洲文明大事

世界大事

	中南美洲文明大事	世界大事
3000 B.C.	● 3000 B.C. 安地斯地區發展出部落	● 3000 B.C. 印度哈拉帕文明出現
		● 2180 B.C. 中國夏朝開始
2000 B.C.		● 1900 B.C. 希臘出現邁諾安文明
		● 1792 B.C. 漢摩拉比統治巴比倫
	● 1500 B.C. 墨西哥灣沿岸發展出定居聚落	
	● 1200 B.C. 奧爾梅克文明出現	
1000 B.C.	● 1000 B.C. 馬雅文明宗教建築出現	● 900 B.C. 希臘城邦國家興起
	● 850 B.C. 祕魯查文文化興盛	● 753 B.C. 羅馬建國
		● 500 B.C. 釋迦牟尼創立佛教
		● 323 B.C. 亞歷山大逝世
	● 100 B.C. 墨西哥地區狄奧迪華肯發展成城市	● 27 B.C. 進入羅馬帝國時期
1 A.D.	● 100 A.D. 莫奇文明主導安地斯地區	
		● 313 A.D. 君士坦丁大帝承認基督教
	● 400 A.D. 馬雅文明發展成熟,至 9 世紀最為強盛	● 476 A.D. 西羅馬滅亡
	● 600 A.D. 蒂亞瓦納科統治安地斯地區	● 618 A.D. 中國進入唐朝
1000 A.D.	● 1100 A.D. 印加帝國建立	
	● 1200 A.D. 馬雅文明衰亡	● 1271 A.D. 蒙古建立元朝
	● 1300 A.D. 阿茲特克帝國建立	● 1488 A.D. 葡萄牙人發現非洲好望角
	● 1492 A.D. 哥倫布發現美洲	
2000 A.D.		

*B.C. 表示西元前,A.D. 表示西元後。

Chapter 8
中南美洲文明

◆早期文明
強大帝國建立前的文化發展

中美洲古文明的共同淵源是奧爾梅克文明，其金字塔、玉雕及美洲豹和羽蛇神的崇拜均影響往後的中美洲文明，南美洲則是查文文化在宗教方面有重大影響。

影響深遠的奧爾梅克文明

西元前一千二百年，中美洲墨西哥地區出現目前已知中美洲最古老的文明——奧爾梅克文明，此文明具有蓬勃發展的農業和貿易，至西元四世紀，影響後來的馬雅文明、狄奧迪華肯文明（Teotihuacan）等。

奧爾梅克文明最引人注目的是它的藝術成就，包含金字塔建築、巨大的人頭石雕、玉器等。在奧爾梅克文明的祭典中心——聖勞倫佐（San Lorenzo）、拉文達（La Venta）等地，發現許多重達二十噸（約二萬公斤）、高至二至三點三公尺的人頭石像，石像有嬰兒般的臉孔，如同黑人的厚唇、大鼻子和大眼，這些人像正是奧爾梅克文明統治者的頭像。從這些巨石的規模，和龐大的建築工程，可以推斷當時的統治者擁有相當大的權力。除了獨具特色的藝術風格外，奧爾梅克的美洲豹（或稱美洲虎）和羽蛇神信仰也是其重要特徵，其所崇拜的「美洲豹神」是由美洲豹和人類的混血。

最初的安地斯山脈文明

在印加帝國興起前，南美洲已出現多個重要文化，包括查文文化（Chavin）、帕拉卡斯文化（Paracas）、納斯卡文化（Nazca）和莫奇文化（Mochica）等，其中查文文化於西元前九百年左右至西元前二百年非常興盛，是安地斯山脈最早興起的文明。

查文文化廣泛分布於安地斯海岸和高地，並深入秘魯南部，其重要性如同奧爾梅克文明，對於後來的文化有莫大影響，尤其是在宗教方面，宗教正是查文文化得以廣泛分布的原因，查文文化也因應宗教，發展出豐盛的藝術雕刻和神廟建築，美洲鱷魚、虎、蛇、鷹都是其藝術風格中常見的形象。

查文文化衰落後，繼之而起的是一些地方性文化，包括納斯卡文化和莫奇文化。這些地方性文化各具特色，如帕拉卡斯文化被譽為「奇蹟的紡織技術」，在其出土的木乃伊身上發現層層棉布，棉布上有做工精美、色彩與圖案都十分豐富的羊毛刺繡，而納斯卡文化則以具有神祕圖案的「地上畫」聞名。西元前二百年，分布於秘魯北部海岸的莫奇文化有中南美洲最大的泥磚金字塔，使用超過一億三千萬塊泥磚建成，以及各種華麗精緻的珠寶、黃金飾物，可見莫奇文化藝術發達程度之高。

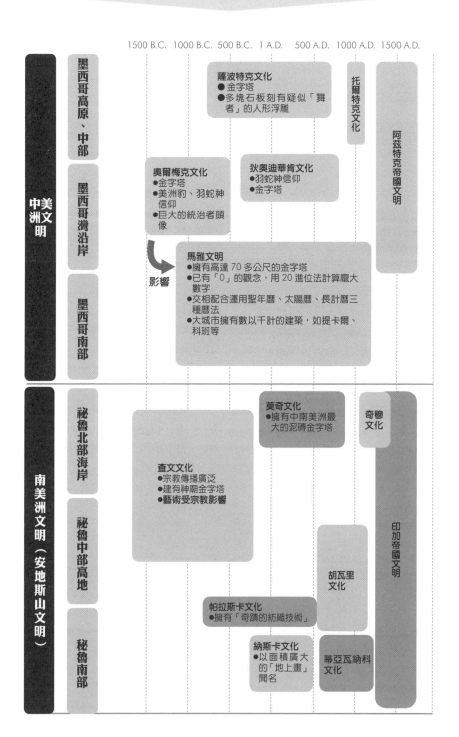

1500 B.C. 1000 B.C. 500 B.C. 1 A.D. 500 A.D. 1000 A.D. 1500 A.D.

中美洲文明

墨西哥高原、中部

薩波特克文化
● 金字塔
● 多塊石板刻有疑似「舞者」的人形浮雕

托爾特克文化

阿茲特克帝國文明

墨西哥灣沿岸

奧爾梅克文化
● 金字塔
● 美洲豹、羽蛇神信仰
● 巨大的統治者頭像

狄奧迪華肯文化
● 羽蛇神信仰
● 金字塔

影響

墨西哥南部

馬雅文明
● 擁有高達 70 多公尺的金字塔
● 已有「0」的觀念，用 20 進位法計算龐大數字
● 交相配合運用聖年曆、太陽曆、長計曆三種曆法
● 大城市擁有數以千計的建築，如提卡爾、科班等

南美洲文明（安地斯山文明）

祕魯北部海岸

莫奇文化
● 擁有中南美洲最大的泥磚金字塔

奇穆文化

查文文化
● 宗教傳播廣泛
● 建有神廟金字塔
● 藝術受宗教影響

祕魯中部高地

胡瓦里文化

印加帝國文明

秘魯南部

帕拉斯卡文化
● 擁有「奇蹟的紡織技術」

納斯卡文化
● 以面積廣大的「地上畫」聞名

蒂亞瓦納科文化

擁有高度建築文明的馬雅

發展於熱帶雨林的馬雅文明，雖未如同其他文明般發展成大帝國的形式，但在建築、藝術、文字和天文曆法等各方面都有高度成就，並以宗教成為主要統治力量。

擁有龐大建築群的城市文明

在中美洲影響深遠的馬雅文明，範圍遍布墨西哥南部，一直延伸到瓜地馬拉（Guatemala）、宏都拉斯（Honduras）西部、猶加敦半島（Yucatán Peninsula）等地。馬雅文明形成的時間很長，最遠可上溯至西元前二千年，文明發展可分為先古典期、古典期和後古典期。學者認為馬雅文明與奧爾梅克文明有許多相似之處，如金字塔、美洲豹神信仰等，因此推斷馬雅文明受到奧爾梅克文明極深的影響。

雖然馬雅文明的發展一直停留在新石器時代，但是它卻有高度發展的建築、天文曆法和農業文化。從先古典時期開始，馬雅人即有興建宗教建築的技術和實力；到了西元四世紀至十世紀，即馬雅文明的古典時期，建築成就達到最高峰，文明也達到最興盛，出現許多著名城市，如提卡爾（Tikal）、科班（Copán）等，重要遺址數以百計，有的擁有高達五十三公尺（約十八層樓高）的金字塔建築。此外，在馬雅文明的考古遺址中發現數量龐大的建築群，如神殿金字塔、王宮、廣場等。

至今仍多不可解的馬雅文字

早期中美洲文明為了紀錄宗教日程與活動，曾經發展出文字書寫，包括奧爾梅克文明、馬雅文明都曾使用，其中以馬雅文明的文字系統較為完整。馬雅的文字因應宗教、曆法而生，屬於圖畫文字，以幾何圖形或動物、鬼神的頭部等抽象化組合而成。馬雅文字除用來計算天文曆法，也用來記錄祭典所發生的時間和參與者。除此之外，也用於記錄統治者的家族世系和成就，這些文字多刻於石碑紀念物或神殿牆壁上，也常出現於陶器或樹皮做的書本上。

馬雅文字的外形十分獨特，有的文字符號看起來像是鬼神的頭和身體，且每個文字符號可能代表一個音或意義，再透過組合拼音的方式表達一個字詞。由於這些文字符號看起來過於怪異，在西班牙人入侵時，被天主教的主教們視為魔鬼邪物而遭到焚毀的命運，遺留下來的並不多，因此至今馬雅文字尚未能夠完全解讀。馬雅書寫系統除了拼寫語言的文字系統之外，也用於數學計算和曆法系統。

●馬雅書寫系統包括數字、曆法和文字書寫三大類：

❶ 數字系統

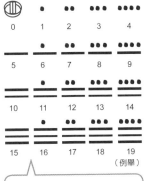

馬雅數字是二十進位，已有零的觀念，數字也可用來計日。

❷ 曆法系統

Imix　　Ik'　　Kawak　　K'an

Kimi　　Ajaw　　Etz'nab　　Manik'

Chuwen　　Ok　　Ben　　Ix

（例舉，參見 P201）

馬雅書寫系統也用於曆法，包括太陽曆、聖年曆和長計曆。上為聖年曆。

❸ 文字系統

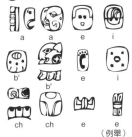

a　　a　　e　　i

b'　　b'　　e　　i

ch　　ch　　e　　e

（例舉）

用於拼寫語言，可分為表音和表意符號。左為部分表音符號。

●文字系統分為表音與表意文字，兩者可以互通，也可以表音文字與表意文字兼用，寫法相當多元。

表音文字　　　　　　　　表意文字

ba la

ma

 兩種並用

例如

balam 是馬雅語的「美洲豹」，將 ba、la、ma 這 3 個表音文字結合起來即可代表其意。

也可以用一個表意文字來代表「美洲豹」。

◆科學成就

驚人的科學與曆法成就

馬雅人相當重視宗教與時間，因而在數學發展上有驚人成就，如二十進位法及世界最早的「零」的觀念，此外，馬雅人運用三種曆法計日，可精準預測非常遠的時間。

關鍵的二十進位法

重視宗教與時間的馬雅人，在數學發展上也有驚人的成就。馬雅人以類似貝殼的記號來表示「零」，以「‧」（點）表示「一」，以「—」（橫線）表示「五」，「‧」加上「—」即代表數字「六」，依此類推，馬雅人以「點」和「橫線」這兩種符號的組合，可以完整準確地表現一到十九的數字。由此可知，馬雅人的數學系統是一種獨特的二十進位法，這種進位法得以讓馬雅人計算較大的數字，不論是二百六十天的日曆，或是三百六十五天的日曆都能詳實記錄。此外，馬雅計日也有相當於「億」的計算，例如在馬雅曆法中，一「阿托盾」（Alautun）就等於二百三十億又四千萬天，相當於六千多萬年，應是世界曆法使用的最大時間單位。

精準計算行星運行與曆法

為了因應農業和宗教之需，馬雅人對於天文觀測十分重視，如金字塔可能正是為觀測星象而生，加上奧爾梅克文明的影響以及數學運算的運用，使得馬雅曆法特別發達，不僅已知日蝕、月蝕發生的時間，也能準確計算出太陽、月亮、金星等行星運行的周期，與現代科學所計算的周期相差不到千分之一。馬雅人根據天象觀測，發明聖年曆（又稱卓爾金曆）、太陽曆和長計曆三種曆法。

馬雅人認為時間是循環不止的圓，每一段時間有不同的神祇看管，因而發展出聖年曆。聖年曆以二十天為一周期，一年有十三個周期，因此一年有二百六十天。後來隨著馬雅祭司對天象的掌握日漸精確，發現一年有三百六十五天，又發明出太陽曆。太陽曆將一年改為十八個月，每個月各有其名，每個月有二十天，剩下的五天是禁忌日，一切活動均停止，如此已十分接近現代曆法，但馬雅人為了能夠長遠計日，又發明了長計曆。長計曆以二十的倍數計算，一天為「金」，二十天為「烏納」，計算年的單位稱為「盾」（Tun），二十盾為「卡盾」（Katun），也就是七千二百天；二十卡盾（年）為「伯克盾」（Backtun），就是十四萬四千天，依此類推，還有「皮克盾」（Pictun）、「卡拉盾」（Kalabtun）、「金奇盾」（K'inchiltun）和「阿托盾」（Alautun）等單位，通常用於計算曆法週期以外的歷史性日子。

聖年曆

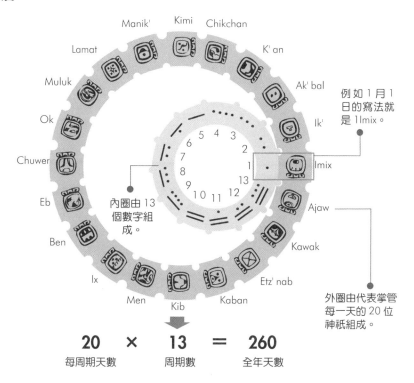

例如 1 月 1 日的寫法就是 1Imix。

內圈由 13 個數字組成。

外圈由代表掌管每一天的 20 位神祇組成。

$$20 \times 13 = 260$$

每周期天數　周期數　全年天數

太陽曆

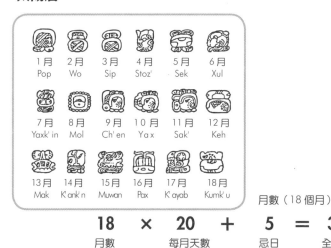

月數（18 個月）

$$18 \times 20 + 5 = 365$$

月數　每月天數　忌日　全年天數

◆宗教信仰

以宗教為主，祭司地位崇高

馬雅人的生活與宗教息息相關，從農業、建築到天文曆法，都受到宗教的影響。如祭司階級屬於上層社會，而具備多項功能的階級金字塔，其最大用處便是宗教祭壇。

人類是用玉米粉創造出來的

　　馬雅宗教屬於自然崇拜，馬雅人認為自然萬物都有神靈，尤其以與狩獵、農業活動相關的神祇更為重要，如天神、雨神、玉米神和羽蛇神等。馬雅人經常舉行祭典儀式，來取悅神祇、祈求豐收。另外馬雅神祇也有善惡之別，除了天堂的善神外，還有會給人帶來災厄的冥界「惡神」，如惡神之首的死神，另有掌管戰爭的黑戰神等等。

　　馬雅人認為宇宙分為天堂、地、冥界三個部分，由一顆巨大的生命之樹——吉貝樹貫穿。宇宙由神祇創造，馬雅歷史神話故事文集《波波爾·烏》（Popol Vuh）敘述神創造天地，以及人類誕生的經過等。馬雅人相信眾神以玉米製成的粉末創造人類，賦予人類生命，並讓人類繁衍後代，由此可看出馬雅主食玉米在其社會當中的重要性。後古典時期，馬雅崇拜的神祇愈來愈多，也崇拜動物、昆蟲等小偶像，宗教組織和儀式也愈來愈複雜。

社會階級分明

　　隨著宗教發展日趨複雜，馬雅社會也逐漸衍生出處理宗教事務的祭司集團。祭司集團組織嚴謹，負責處理、主持各種祭典儀式，也負責觀測天象、預言未來，同時也將觀測到的天文發展成曆法，並以奇特的象形文字記錄下來，他們是馬雅社會中最有學問的人。因為馬雅人對神祇的崇敬與對宗教儀典的重視，使得祭司集團具有重要地位，幾乎決定各種生活大小事，包括何時種植農作物、何時可以結婚以及為新生兒命名。

　　馬雅社會階級分明，最高階級為各個城邦的統治者、貴族和祭司集團，而後是商人和武士，最後是平民與奴隸階級。貴族與祭司等上層階級居住於城中，居住於城外的平民與奴隸為上層階級負擔大部分的勞力，並受貴族領導與支配。馬雅人也很注重身分地位的彰顯，貴族、祭司、軍事將領經常在服飾外表上有明顯的標識，如手持盾杖，杖上也有羽毛或頭骨裝飾，以強調自己的身分地位。

金字塔不僅是宗教祭壇

　　馬雅人對宗教的熱忱，促成另一個偉大成的誕生，那就是金字塔的興建。馬雅人是一個擅長以石頭建築城市的民族，尤其喜愛建築紀念物，提卡爾、科潘、奇琴伊察都是馬雅具代表性的城市。每座城市以儀式中心為

玉米神（Yum Kax）

面帶微笑、樣貌清秀，以玉米為頭飾，掌管玉米和森林。

羽蛇神（Kukulkan）

通常被描繪成長有羽毛的蛇，掌管星辰、播種和豐收。

雨神（Chac）

是一個神，也是多個神，通常有紅白黑黃四種面貌，代表天地四方，掌管雨、雷電、農業。

自殺女神（Ixtab）

形象為上吊自殺，據說因難產、戰爭、獻祭或上吊而死的人會被自殺女神接至天堂重生。

天神（Itzamna）

眾神之首，也是掌管天堂、晝夜之神，發明文字、曆法。通常被描繪成一個無牙、兩頰凹陷的老者。

主體，包括金字塔、高台、廣場，以及後來增加的球場。隨著宗教日趨興盛，神廟建築也愈來愈多。

　　矗立於熱帶雨林裡的階梯金字塔是馬雅文明中最雄偉壯麗的景觀，約在西元前二至三世紀，這些金字塔即已出現，它們以切割過的石塊層層堆砌而成，高度最高可達五十至七十多公尺高，呈階梯狀，宗教祭壇設於高聳的金字塔頂端，旁邊有通道和房間供祭司居住使用，這些建築的壁面或是階梯多刻有象形文字，看起來既神祕又華麗。這些金字塔建築用途多元，除了做為宗教祭壇外，也做為地標，幫助航行者確認方向，而在提卡爾的金字塔下層也發現許多王室陵墓。除此之外，後古典時期的代表城市——奇琴伊察（Chichen Itza）的卡斯蒂略金字塔（El Castillo）整體建築也似乎位在某種重要的天文軸線上，金字塔西面面向日落天頂路徑，每年春分和秋分日落時，太陽光落在西北面金字塔投射出一連串的三角形陰影，看起來就像隻蛇在階梯上爬行而下。因此推測神殿金字塔可能也是馬雅祭司觀測天象的場所。

活人剖心獻給神明

　　當西班牙人在十六世紀發現中美洲文明時，曾親眼目睹殘忍的剖心儀式。雖然在馬雅文明的祭典中，王室貴族經常以宗教禮器刺穿自己身體的重要部位，象徵性的以滴血祭祀神

祇、祈求庇佑，但在馬雅文明初期的儀式中尚未有活人獻祭的情形出現；直到後古典時期，受到托爾特克文明的影響，才出現以活人祭祀，並當場在祭典中取下活人熱騰騰、依然跳動著的心臟，當做獻給太陽神供品的習俗，他們相信獻祭死亡的人數和鮮血愈多，代表祭典愈隆重，部族將愈強盛。除了宗教活動外，馬雅人也將這個祭祀剖心的習俗展現在建築裝飾

墨西哥的卡斯蒂略金字塔

24公尺

西側旁
有美洲豹神廟，旁邊有當時最大的球場，牆上有球員被砍頭獻祭、鮮血淋漓的雕刻壁畫。

當春分和秋分日落時，在西北面階梯上會形成陰影，宛如一條大蛇。

中，如奇琴伊察神殿牆壁上經常可見人被斬首、鮮血噴出的畫面。而這種活人獻祭的宗教文化，也被好戰的阿茲提克帝國所承襲，阿茲提克人甚至經常為了獲取活人祭品而發動戰爭。

馬雅人的宗教活動除了活人獻祭外，還有一種球賽，是結合今日足球、籃球和排球形式的比賽，選手們穿著華麗的服飾、護具，組成兩隊人馬，在築有兩道高牆的長方形空地上舉行競賽。選手們只能用頭、手肘、腰、臀或膝蓋等部位，在不用手也不用腳的限制下，將重達三、四公斤且是實心的橡皮球送進對手場邊高牆上的圓形石環，才算得分，由球先進入的一方獲勝。活動過程充滿莊嚴儀式，最高祭司、國家首長和政府官員都會出席，據說失敗者將成為祭品。

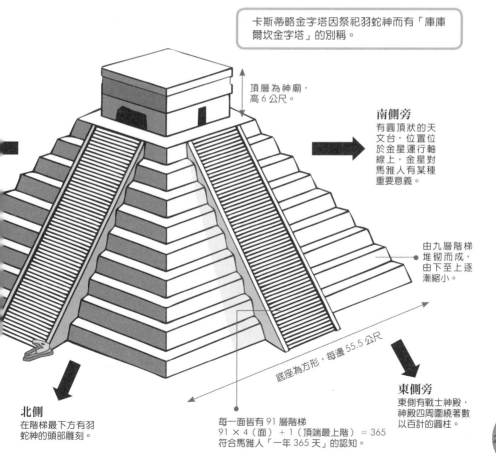

卡斯蒂略金字塔因祭祀羽蛇神而有「庫庫爾坎金字塔」的別稱。

頂層為神廟，高 6 公尺。

南側旁
有圓頂狀的天文台，位置位於金星運行軸線上，金星對馬雅人有某種重要意義。

由九層階梯堆砌而成，由下至上逐漸縮小。

底座為方形，每邊 55.5 公尺

東側旁
東側有戰士神殿，神殿四周圍繞著數以百計的圓柱。

北側
在階梯最下方有羽蛇神的頭部雕刻。

每一面皆有 91 層階梯
91 × 4（面）＋1（頂端最上階）＝ 365
符合馬雅人「一年 365 天」的認知。

西元 14 世紀～西元 16 世紀◆阿茲提克帝國

建築在人工島上的阿茲提克文明

西哥中部河谷的阿茲提克文明，以其勇猛好戰的軍事精神著稱。除了豐富的戰功之外，阿茲提克帝國更以卓越的建築技術和手工藝技巧著稱於世。

在戰爭中崛起的文明

在馬雅的古典期衰落後，中美洲陷入一種權力真空的狀態，各地民族發動戰爭，爭奪勢力範圍，到了西元十世紀托爾特克人（Toltec）逐漸占上風，成為中美洲的主宰，托爾特克人接受先前的文化，讓馬雅文明重新以托爾特克的型態流傳下去，因此也有人將馬雅文明的後古典時期稱為托爾特克馬雅文明。托爾特克人不斷擴張勢力，經常與四周其他民族發生戰爭，阿茲提克人便是在這些戰爭中興起，並於西元十四世紀時定居於墨西哥河谷特斯科科湖（Lake Texcoco）的小島上，而後逐漸發展成墨西哥中部的大帝國。

阿茲提克社會以血緣關係組成的氏族「卡爾普利」（Calpulli）為基礎，每個人都屬於一個氏族，眾多氏族形成大部落。城邦建立後，這些氏族就成為地方管理組織，每個氏族聚居在一起形成一個村落或公社組織，由氏族中的長老會議獨立管理一切事務，這是阿茲提克帝國社會得以穩固發展的重要基礎。在此基礎下，阿茲提克以軍國主義為國家精神，重視軍事訓練，擁有龐大的軍事組織，迅速擴張其領土。

人工填湖所形成的首都

阿茲提克人在特斯科科湖小島建立首都特諾奇蒂特蘭城（Tenochtitlan，今墨西哥市），整座城是一座精心規畫的人工島，透過人工填湖的方式擴大小島面積，並修築水道和橋樑，使其與小島和湖岸連結。城內街道整齊，有完整的引水系統和灌溉系統促使農業發展，主要作物有玉米、豆類、南瓜等等，對於植物、草藥也有細心研究與詳實的記錄，並以植物或藥草治療疾病和疼痛，有助糧食和醫療的發展，在剖心祭典已有麻醉劑或鎮定劑的使用。阿茲提克依靠農業經濟和各地貢品的進貢，社會穩定、人口興盛，西元十六世紀西班牙人入侵時，還對特諾奇蒂特蘭城的富麗繁華感到非常震驚，驚呼此地為「世界花園」。

基於對家庭用品、工具和衣飾的生產需要，以及對宗教的熱忱，阿茲提克人的手工藝相當發達，包括石雕及金、銀、銅的鑄造，紡織、陶器和寶石鑲嵌等技術。阿茲提克人的交易通常是以物易物，有時則以可可豆做為貨幣。可可豆和可可樹在當時極為珍貴，可可所做的飲品是王室貴族的飲品，也做為祭品或給出征將士飲用。

巧克力的文明傳遞

奧爾梅克人開始使用

- 奧爾梅克人開始使用可可豆,再傳給馬雅人。
- 馬雅人以原料可可豆加入香料、玉米粉、辣椒等沖泡成飲料。不分階級,誰都可以飲用。

阿茲提克人視為珍品

因阿茲提克需從外地買入可可豆,可可豆因而變成阿茲提克帝國的奢侈品,甚至被當做貨幣使用。

可可豆為交易貨幣
在阿茲提克的市場中,可用來交換其他商品,例如:

	可換成	
一顆大番茄或20顆小番茄	可換成 →	1 顆可可豆
一個火雞蛋	可換成 →	3 顆可可豆
一隻兔子	可換成 →	30 顆可可豆
一隻好的母火雞	可換成 →	約 100 顆可可豆
一隻公火雞	可換成 →	300 顆可可豆

王室飲料
這是奢侈的飲料,需為王室成員方可飲用。

- 含有可可鹼和咖啡因,有提神、催情作用,而成為王室最愛飲料。

- 末代國王蒙特祖馬二世最愛喝,一天可以喝掉 50 杯,整個宮廷要喝掉 2000 杯。

- 在喝法上,王室會在巧克力中加入香草、辣椒等做成冷飲,並用黃金杯盛裝飲用。

傳至歐洲,並流行至全世界

- 16 世紀柯爾帝斯引進西班牙,受到上流社會歡迎。
- 16 ~ 17 世紀,普遍流行於歐洲上流社會,並將口味改成甜的。
- 19 世紀時,普及所有階級,並改成塊狀,成為今日巧克力的雛形。

南美洲的太陽子民

教治國的印加文明，為統治南北狹長的領土，發展出高度效率的公路系統，以及精密的供水灌溉設施，而其打造的黃金世界則是引發西班牙侵略的最主要原因。

十年之間由盛到衰

西元六世紀到十世紀，南美洲的主宰逐漸從祕魯北部海岸轉移至中部和南部地區高原，主要由蒂亞瓦納科（Tiwanaku）和胡瓦里（Huari）兩個王國所掌握，西元九到十一世紀，蒂亞瓦納科和胡瓦里相繼衰落，並分裂成許多小國，印加就是其中之一，然而此時的印加仍只是一個小部落國家而已。此時北方海岸的奇穆王國（chimú）興起，開始擴張領土，並在殖民地建立良好的行政管理系統。

十五世紀時，印加在第九代國王帕查庫提·印加·尤潘基（Pachacuti Inca Yupanqui）的統治下，進行許多重要改革，並開始向外擴張，先後統一安地斯山高原與鄰近地區，才日益壯大。帕查庫提晚年派其子圖帕克·印加·尤潘基（Topa Inka Yupanki）大舉向北進攻，打敗奇穆王國，接收奇穆王國殖民地與行政系統，為印加帝國奠定基礎。圖帕克·印加繼位後繼續向南擴張，使領土到達智利。一五二五年，在後繼統治者的擴張下，印加國勢力達巔峰，成為中南美洲最大的國家。但諷刺的是，不到十年，印加帝國就被西班牙的入侵者皮薩羅（Francisco Pizarro）攻滅，印加王室成為流亡政府。

由太陽神之子進行統治

印加帝國整個領土以庫斯科（Cusco）為中心，分為東、西、南、北四大行政區，四大行政區又分為許多省，由貴族出任官員。地方組織方面，印加社會階級分明，並以有血緣關係的氏族「亞由（Ayllu）」為基礎，組成公社組織，以此做為行政管理的單位和經濟共同體。印加人尊稱他們的國王為「薩帕·印加」（Sapa Inca），因此後來西班牙人便以「印加」稱呼此文明和帝國。

印加人屬多神信仰，在眾多神靈中最崇拜太陽神印蒂（Inti），並經常自稱為「太陽神的子民」，他們在各統治區興建太陽神廟，以統一國家的信仰。除此之外，印加人也以太陽神信仰為中心，建立神權統治制度，以及完整的中央集權。國王不但是國家的最高統治者，也是「太陽神之子」，更是太陽神在人世間的化身，主持印加人每一年最重要的慶典太陽祭，集軍事、政治、宗教大權於一身，具有至高無上的權力。

中南美洲的羅馬

印加帝國嚴密的組織、高度的政府管制和善戰的軍隊，都是帝國得以成功迅速擴張的原因。而為了妥善

十六世紀的印加帝國版圖與道路網絡

哥倫比亞

巴西

印加帝國以庫斯科為中心，不到一世紀的時間，向南北擴張成稱霸南美洲的大帝國，版圖區域如 ▨

基多

厄瓜多

多美班巴（匡卡）

祕魯

卡哈麥卡

昌昌

塔帕拉庫

瓦奴可潘帕

龐普

利馬　　豪哈

帕查卡馬克　　馬丘比丘

維爾卡斯瓦曼

帕查卡斯

庫斯科

哈頓科拉

查庫易托　　的的喀喀湖

丘奎阿博（拉巴斯）

蒂亞瓦納科

帕利亞

玻利維亞

太　平　洋

印加的道路系統沿著安地斯山脈修築，除了南北向的兩條主幹道，其間還穿插無數條次幹道，讓印加帝國更有效地掌控各地情況。

土匹札

卡塔普

智利

柯帕玻

聖地牙哥

阿根廷

印加帝國拓展過程

帕查庫提 （1438～1463）	帕查庫提先統一庫斯科鄰近地區，並往南擴張直抵的的喀喀湖。
圖帕克・印加 （1463～1471）	帕查庫提在位時，派遣其子圖帕克率領軍隊北征，直達厄瓜多。
圖帕克・印加 （1471～1493）	圖帕克繼位後，征服奇穆王國，以及北部太平洋沿岸，包括厄瓜多和哥倫比亞南部。
瓦伊納・卡帕克 （1493～1525）	除繼續北征之外，最重要的是南部的擴張，最遠包括今日的阿根廷和智利。

控制廣大的帝國領土與人民，印加帝國政府整修胡瓦里和奇穆王國所留下的公路系統，再加以延長和擴展，使得印加帝國的道路網絡綿延貫穿安地斯山脈和南美洲海岸，主幹道貫穿南北，並有東西向的次要道路聯繫主幹道至其他城鎮，途中開通山壁、開鑿隧道以及架設橋樑，總長達四萬多公里。沿線設有驛站，可以有效且快速傳遞訊息，信差以接力長跑的方式傳遞訊息，一天可以前進二百四十公里，因此不論在帝國境內發生任何事，都可以在短短數日內傳達到統治中心，對於帝國的統治，發揮了關鍵性的作用。如此巨大工程和國家權力的執行，為印加帝國贏得「新世界的羅馬」稱號。

印加帝國卓越的工程技術，除了表現在道路系統之外，也表現在修築各種基礎公共建設，包括梯田、引水渠和灌溉設施等等。由於帝國境內多山，若想擴增種植區域，則需在山區開闢梯田，即使是四千多公尺的高山也被整建為耕作區。而山區乾旱缺水，須仰賴完善的灌溉系統才得以耕種，因此又在山區開挖溝渠和修築水壩，引水灌溉梯田。農業和灌溉系統的發展，為印加帶來糧食生產的穩定，也鞏固帝國的統治，因此有學者甚至稱印加文明為「灌溉文明」。

不用文字而用結繩記事

如此龐大的印加帝國，最令人意外的是它並未發明任何用來記錄的文字系統，而是以一種獨特的結繩方式記錄和傳遞訊息，透過不同的打結方式、位置、數量和顏色來表達想要傳達事務的數量、地名等資訊。這種結繩稱為奇普（Quipu）通常是官員用於公務的記錄，例如地方的執政官以結繩記錄地方人口和各種產業調查的結果，再送至中央政府，供中央政府做決策和管理之用。

印加帝國豐富的黃金工藝技術，則是它另一個讓人嘖嘖稱奇的傳說。印加人以黃金打造太陽神廟，也用黃金製做駱馬和人體等的立體雕像，有的作品甚至與實際大小相同。在西班牙人心中，印加是一個「充滿黃金的國度」，印加的黃金傳說更是加深西班牙的征服慾望。

印加的基本結繩方式

主要分為三種結法

8 形結
用來表現個
位數的 1。

單（反手）結
個位以上所使
用。

長結
用來代表個
位數。

個位數 1 ～ 9 的結法

解讀方式

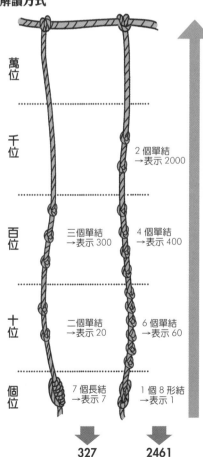

萬位

千位

2 個單結
→表示 2000

百位

三個單結
→表示 300

4 個單結
→表示 400

十位

二個單結
→表示 20

6 個單結
→表示 60

個位

7 個長結
→表示 7

1 個 8 形結
→表示 1

由下往上解讀

327　　**2461**

結繩用來記錄國家財務、人
口數量、作物產量和統治區
域的情況等，有學者推測繩
子顏色也有不同含義，如白
色代表和平、黑色代表戰
爭、紅色代表戰爭、黃色代
表黃金等。

西元十六世紀◆歐洲人入侵
政治與文化的兩被摧毀

自哥倫布發現美洲新大陸後，西班牙人前仆後繼踏上中南美洲，造成阿茲提克與印加在短時間之內的覆滅，與歐洲和中南美洲在宗教、文化、飲食，以及疾病上的交流。

擒賊先擒王

十五、十六世紀時，歐洲國家向外尋求新的殖民地、貿易商品與原料以及傳播信仰的地區，因此興起一連串的海外探險行動。一四九二年，哥倫布接受西班牙皇室的資助，往西邊的大西洋航行，終於發現美洲新大陸。

當時中南美洲的兩大帝國均內部政局不穩，讓西班牙人有入侵的機會。一五一九年，西班牙征服者柯爾帝斯（Hernán Cortés）率領士兵登陸墨西哥灣，時值阿茲提克帝國內亂，許多人不滿國王的統治，柯爾帝斯利用阿茲特克人的神話傳說假扮為天神，並與叛軍聯手，成功俘虜阿茲提克國王。一五三一年，西班牙征服者皮薩羅（Francisco Pizarro）眼見柯爾蒂斯成功征服阿茲提克，也率領軍隊意圖征服南美洲，當他到印加時，正值印加帝國才剛結束因王位繼承問題而引發的內戰，皮薩羅獲邀進入慶宴，卻趁國王防備最鬆懈時綁架他，儘管以滿屋子的黃金和白銀為贖金，國王最終仍是被皮薩羅殺害。

中南美洲相繼成為西班牙殖民地，侵略的過程並未花費太多力氣，除了阿茲提克帝國與印加帝國的內政問題之外，主要原因還是西班牙人擅於利用印第安人的善良單純，這樣的掠奪方式在中南美洲各地陸續上演，最終印第安人的土地與財產都被西班牙人收刮。

文化、病菌與糧食的交流

西班牙人的入侵為美洲和歐洲兩地帶來衝擊、交流與變動。經濟方面，西班牙人將中古歐洲的莊園和奴隸制度帶進中南美洲，使印第安人淪為西班牙經濟的奴隸。同時，西班牙人也迫使中南美洲放棄傳統文化，接受西班牙的語言與天主教信仰，中南美洲「拉丁美洲」的別稱正是由此而來。除了槍砲、彈藥的擄掠外，西班牙人對印第安人造成的災難還包括傳染病的流傳，如天花、傷寒、麻疹等，造成印第安人大量死亡。

另一方面，美洲的白銀、黃金流入歐洲市場，造成歐洲物價飛速上漲，引發物價革命。糧食作物方面，美洲的馬鈴薯、玉米成為歐洲飲食文化一部分，糧食供應增加促使歐洲人口成長，而可可、咖啡、糖的引進，更豐富了歐洲社會的飲食生活，但有學者認為梅毒是經由哥倫布發現美洲新大陸後傳至歐洲，一四九五年歐洲那不勒斯隨即爆發了第一次有歷史紀錄的梅毒流行病。

哥倫布大交換

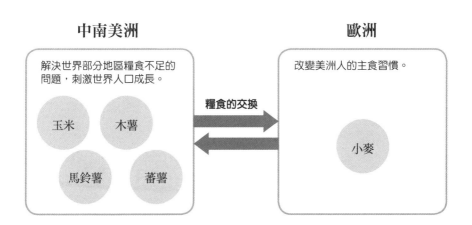

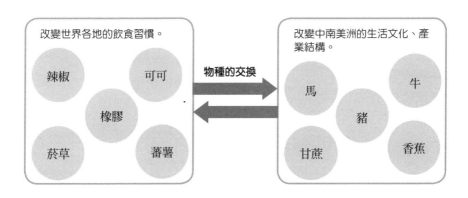

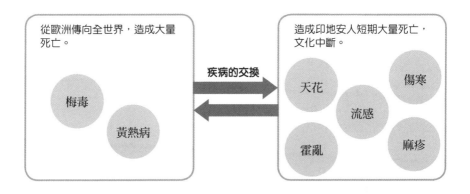

第九篇

西元7世紀～西元13世紀
阿拉伯文明

將源自印度的阿拉伯數字向世界普及。

建立世界三大宗教之一的伊斯蘭教。

向西方世界傳播造紙術。

融合各國文化色彩的阿拉伯文明，興起於西元七世紀，是因宗教
的統一而重生。西元八世紀，阿拉伯人所建立的帝國在歐亞非三
洲迅速地擴張，在政治、經濟、學術等各方面也締造了奇蹟，開
創許多新事物。與此同時，歐洲正處於黑暗時代，阿拉伯帝國的
文明成就後來傳至歐洲，影響日後歐洲文藝復興。阿拉伯文明在
近代文化發展著實扮演至關重要的角色。

以阿拉伯文及
古蘭經統合伊
斯蘭世界。

建立現代商業
貿易模式。

中世紀興起的伊斯蘭世界

科多巴

地 中 海

北 非

756 A.D.
奧馬亞王朝後裔建
立後奧瑪亞王朝，
定都科多巴（白衣大
食）。

穆罕默德在創立伊斯蘭教後，也成功取得政治上的領袖地位，並開始向外擴張，隨著阿拉伯帝國逐漸成為跨歐亞非三洲的大帝國，伊斯蘭教也逐漸變成統合西亞、中亞、北非的文明力量，並在中世紀時統合各地資訊，成為世界知識的資源庫。

909 A.D.
法蒂瑪王朝建立，定都開羅（綠衣大食）。

750 A.D.
阿拉伯帝國開始分裂，阿布阿拔斯建立阿拔斯王朝，定都巴格達（黑衣大食）。

751 A.D.
爆發怛羅斯之役，造紙術從此西傳。

中　國

怛羅斯

印
度

巴格達

大馬士革

波

斯

開羅

灣

阿 拉 伯 半 島

紅

麥地那

海

麥加

阿 拉 伯 海

661 A.D.
四大哈里發時期結束，穆阿威雅建立奧馬亞王朝。

約 610 A.D.
穆罕默德創立伊斯蘭教。

622 A.D.
穆罕默德率眾遷移至此。

*B.C. 表示西元前，A.D. 表示西元後。

◆文明的起源
以宗教統一和擴張帝國

穆罕默德創立的伊斯蘭教徹底改變阿拉伯人的信仰和風俗習慣，儘管初期傳教不順利，但在穆罕默德的領導下，伊斯蘭教教徒不斷增加，建立一個阿拉伯穆斯林國家。

阿拉伯半島的游牧民族

　　阿拉伯半島是世上最大的半島，東臨波斯灣、西為紅海，南則為阿拉伯海。雖然三面臨海，但內部卻是乾燥少雨的阿拉伯沙漠，僅有零星綠洲散布，使得生活在其中的阿拉伯人只能逐水草而居，過著游牧的生活。

　　居住於阿拉伯半島的阿拉伯人因為沙漠的隔絕，讓他們自始至終保有獨立地位，但是也因為缺乏與外界的往來交流，生活貧困，文化發展落後，文盲多且迷信保守。僅有少數沿海城市的居民因為從事漁業或商業活動，過著接受教育和富裕的生活。嚴苛的環境讓阿拉伯人社會仍維持在以血緣關係組成的氏族部落，無法形成政府組織，部落之間因為爭奪水源、牲畜或綠洲，經常發生衝突征戰不休。沙漠生活的不穩定和物資缺乏也養成阿拉伯民族的冒險性與好戰個性。

影響世界的三大宗教之一

　　阿拉伯人屬於閃族的一支，閃族包括阿卡德人、巴比倫人、亞述和腓尼基人，在上古時期活躍於美索不達米亞平原，締造偉大的兩河流域文明，但後來卻因波斯、希臘的興起淪為他國的屬地。直到西元七世紀，穆罕默德創立伊斯蘭教，以宗教統一阿拉伯人，才又重新為阿拉伯地區帶來新的發展契機。除了改善阿拉伯過去的陋習之外，也建立一個政教合一的國家。西元七世紀至八世紀，因信仰而重新振作的阿拉伯人開始向外擴張，像一陣旋風似地狂掃中亞、埃及、地中海、小亞細亞和西歐等地，甚至印度和中國也曾遭受攻擊，阿拉伯領土在西元八世紀迅速擴張，建立了一個橫跨歐、亞、非三洲的大帝國。

　　伊斯蘭教的創立讓阿拉伯人重新建立偉大輝煌的文明，是中古世紀最燦爛的文明。阿拉伯帝國統治之處，以兼容並蓄的政策，大量吸收希臘、波斯、印度和埃及等文化，並加以融合，發展出自己獨特的伊斯蘭文化。同時，擅長貿易的阿拉伯人積極吸收新事物，發展學術和科學研究，再傳至歐洲，引領後來歐洲文化的發展。而信仰伊斯蘭教的人口不斷擴展，讓伊斯蘭教與基督教、佛教成為影響世界的三大宗教，而阿拉伯所創立的文明也被史學家稱為伊斯蘭文明或穆斯林世界。

阿拉伯文明 Vs. 世界重要大事年表

阿拉伯文明大事

世界大事

500 A.D.

● 534 A.D. 拜占庭帝國征服汪達爾王國

● 610 A.D. 穆罕默德創立伊斯蘭教
● 618 A.D. 中國進入唐朝
● 632 A.D. 穆罕默德過世
● 645 A.D. 日本推行大化革新
● 651 A.D. 滅亡波斯薩珊王朝
● 661 A.D. 阿拉伯帝國進入奧馬亞王朝

四大哈里發

● 711～725 A.D. 攻占西哥德和法蘭克王國

奧馬亞王朝

● 750 A.D. 帝國開始分裂

● 800 A.D. 查理曼被加冕為羅馬帝國皇帝

阿拔斯王朝

● 960 A.D. 北宋建國

1000 A.D.
● 1055 A.D. 塞爾柱土耳其人攻陷巴格達

● 1258 A.D. 蒙古攻陷巴格達，阿拉伯帝國滅亡
● 1271 A.D. 蒙古建立元朝

● 1326 A.D. 鄂圖曼帝國建立

● 1368 A.D. 明朝建國

● 1453 A.D. 拜占庭帝國滅亡

1500 A.D.

*B.C. 表示西元前，A.D. 表示西元後。

◆伊斯蘭教
融會貫通，創立阿拉伯人的宗教

早年從事經商的穆罕默德，在接觸各地文化後創立伊斯蘭教。隨著取得麥地那的統治權，也開始向外大規模地傳播伊斯蘭教，從此改變了阿拉伯人的信仰和文化。

生活無虞而創教

伊斯蘭教的創立者穆罕默德（Muhammad），西元五七〇年出生於麥加的一個沒落貴族家庭，幼時父母雙亡，由叔叔撫養長大。長大後，家貧的穆罕默德開始替人牧羊，從未受過正規教育。當時麥加因位於紅海沿岸，是交通樞紐，商業活動也很發達，穆罕默德便隨著叔叔經商。二十五歲時穆罕默德受雇於寡婦喀狄雅（Khadijiah），替她經營管理商務及來往各地販賣商品，穆罕默德因而有了拓展視野的機會。同年兩人結為夫妻，穆罕默德生活穩定富裕，得以思考更多人生問題。

在外經商的穆罕默德，接觸到猶太教、基督教等不同宗教信仰，也獲知各地不同的風俗、習慣、政治、法律等，他經常在山中沉思修練，思考關於人生、宇宙的種種問題。最後他參考猶太教與基督教的教義，在阿拉伯人傳統信仰的基礎上創立適合阿拉伯人需要的伊斯蘭教。他自稱是真主阿拉的使者，也是先知，要向世人傳遞阿拉的旨意，在喀狄雅的鼓勵下，開始對外宣教，要世人放棄過去的多神信仰和偶像崇拜，信仰唯一的真主阿拉。

政教合一的政權

起初傳教並不順利，穆罕默德的言論引起麥加統治者的反感，加上伊斯蘭教徒日益增多，麥加統治者開始嚴厲阻止穆罕默德的傳教行為，並企圖殺害他，穆罕默德和他的信徒因而開始逃亡。

西元六二二年，穆罕默德帶領信徒逃至當時的交通要地雅斯里布（Yathrib），這一年被當做是伊斯蘭曆的元年，雅斯里布也改名為麥地那（Medina），意為「先知城」。因當時的雅斯里布內部阿拉伯人與猶太人爭鬥不休，讓穆罕默德得以以各部落中間人的身分進入麥地那。

進入麥地那後，穆罕默德建造清真寺，統一信仰，並建立一個新的政教合一的政權。為了維護麥地那的政權，穆罕默德利用麥地那優越的交通位置，經常率兵襲擊麥加的商隊，與麥加發生戰爭。隨著戰勝消息頻傳，穆罕默德的威望也隨之高漲，逐漸成為阿拉伯半島上最大的政治勢力。西元六三〇年，穆罕默德一舉攻下麥加城，各部落的人紛紛歸順並改信伊斯蘭教，從此阿拉伯成為穆斯林王國，穆罕默德則是阿拉伯各部族共同的國王。

伊斯蘭教的主要教義

阿拉是唯一的神
除阿拉之外別無它神，所有一切都是祂安排好的，人們只能選擇順從。

神賜聖書
《可蘭經》是真主阿拉透過天使傳遞給先知訓誨，不可以竄改。

末日審判
世界末日來臨時世界會毀滅，善者會進入天堂，惡人會進入地獄。

神造天使
阿拉用光創造四大天使，做為阿拉信差，向人們傳達阿拉旨意。

神設先知
神設多位先知，穆罕默德是最後最大的先知，負責傳達阿拉的使命。

穆斯林應遵守的五大原則

五功

證信
常念清真言「萬物非主，唯有真主。穆罕默德，為其使者。」

朝拜
能力許可的穆斯林，一生至少要去麥加朝拜一次。朝拜時要繞行天房 7 次。

禮拜
每天要面向麥加禱告五次，任何地方均可，每週五要到清真寺聚禱。

齋戒
齋戒月白天須禁食，藉此體驗窮人苦痛。病患、哺乳的婦女等可例外。

天課
每個穆斯林（教徒）都必須捐出部分收入，用來救濟需要幫助者。

◆版圖擴張

奮鬥努力，向外傳教吧！

穆罕默德以宗教為基礎團結阿拉伯人，死後阿拉伯人遵循遺訓對外擴張。驅逐拜占庭和波斯的勢力，又進占北非、西歐等地，建立起跨洲、跨族群的阿拉伯帝國。

團結後向外擴張

穆罕默德不僅帶給阿拉伯人一個新的宗教，更改變了他們的生活。

穆罕默德統一各部族後，嚴禁各部族間內鬥，並將「民族」的觀念灌輸給阿拉伯人，強調彼此是兄弟，以團結阿拉伯內部勢力。並立下不拋棄女嬰、不記仇、不報復、不竊盜、不欺負貧窮弱小、不姦淫擄掠、不吃不潔食物等教條，且要求信徒遵守，以徹底改善阿拉伯人的舊有習慣，革新阿拉伯人的生活。

西元六三二年，穆罕默德去世後，阿拉伯人仍虔誠信奉伊斯蘭教，並遵從穆罕默德的遺訓，展開對外傳教與擴張的聖戰。

「聖戰」的原意是「奮鬥、努力」，並非指神聖的戰爭，只是由於阿拉伯人對外傳教的過程中正好伴隨領土擴張，因而讓人有伊斯蘭教徒「一手拿劍、一手拿經」的誤解，事實上古蘭經的教義是寬容的，阿拉伯人擴張的主因是經濟和政治的需求，且對於統治區域的文化與宗教也是採取寬容政策。

建立跨歐亞非的大帝國

西元七世紀穆罕默德創立伊斯蘭教時，阿拉伯半島東西方各有一強大帝國，分別是東邊的波斯帝國（薩珊王朝）和西邊的拜占庭帝國（東羅馬帝國），兩大帝國在中亞和西亞地區相互爭戰、瓜分土地，而分布於敘利亞的阿拉伯部族因受到拜占廷高壓統治，向阿拉伯統治者求援，讓阿拉伯人決定出兵發動防衛性戰爭。

西元六三四年，阿拉伯帝國的統治者奧馬爾一世（Omar）揮軍進攻敘利亞，迅速擊敗拜占庭帝國，又舉兵進入

阿拉伯版圖的擴張

●圖爾
732 A.D.

大西洋

●直布羅陀
711 A.D.

摩洛哥

大馬士革、耶路撒冷地區，以東西兩路分別出擊，迎戰拜占庭和波斯軍隊。

此時拜占庭與波斯兩國早因連年征戰而疲憊不堪，再也無力抵擋新興的阿拉伯大軍，而節節敗退，阿拉伯接連奪下伊拉克、伊朗、巴勒斯坦和北非的埃及。西元六五一年，波斯薩珊王朝滅亡，阿拉伯接收大部分的波斯領地，同時也使波斯人逐漸改信伊斯蘭教。

西元八世紀，阿拉伯奧馬亞王朝再次發動大規模戰爭，此時軍隊已有改信伊斯蘭教的非阿拉伯人，如北非柏柏爾人和波斯人，東線深入中亞，直抵中亞文化樞紐的撒馬爾罕（Samarqand）和巴基斯坦、印度河一帶，勢力直逼中國唐朝；西邊則是大舉進攻北非地中海沿岸國家，如突尼斯（Tunis）等地，再渡過直布羅陀海峽到達伊比利半島，翻越庇里牛斯山入侵法蘭克王國。至此，阿拉伯建立起一個橫跨歐亞非的大帝國。

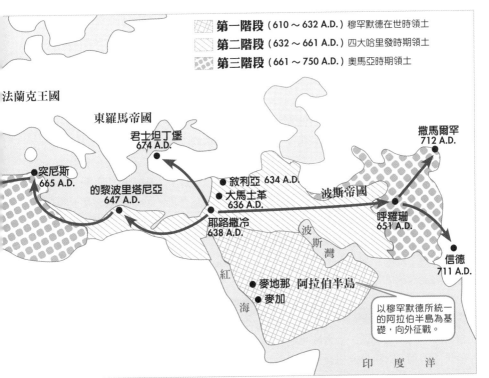

第一階段（610～632 A.D.）穆罕默德在世時領土
第二階段（632～661 A.D.）四大哈里發時期領土
第三階段（661～750 A.D.）奧馬亞時期領土

法蘭克王國

東羅馬帝國

君士坦丁堡 674 A.D.

撒馬爾罕 712 A.D.

突尼斯 665 A.D.

的黎波里塔尼亞 647 A.D.

敘利亞 634 A.D.

大馬士革 636 A.D.

波斯帝國

耶路撒冷 638 A.D.

呼羅珊 651 A.D.

信德 711 A.D.

波斯灣

紅海

麥地那　阿拉伯半島

麥加

以穆罕默德所統一的阿拉伯半島為基礎，向外征戰。

印度洋

223

*「數字 A.D.」代表被征服的年代。

◆帝國分裂

未指定繼承人而引起宗派分裂

穆罕默德死前並未指定繼承人,因此儘管對外版圖擴張,對內卻存在對繼承人產生方式的爭議,導致帝國分裂,伊斯蘭教也分為遜尼派與什葉派兩大派系。

因繼承問題而分裂

由於穆罕默德過世前並未明確指定繼承人,在死後引起一連串的「哈里發」之爭(真主使者的繼承人之意),史稱「四大哈里發」時代。

當時主要分為兩派, 一派主張由穆罕默德家族的成員繼承,即由穆罕默德的堂弟兼女婿阿里(Ali)繼位;另一派則認為繼承者應從穆斯林(教徒)中選舉出來,最後經由選舉,決定由穆罕默德的岳父阿布·伯克(Abu Bakr)繼任,但已埋下日後伊斯蘭教長期分裂的隱憂。

之後由奧馬爾(Umar)、奧斯曼(Uthman)相繼擔任第二、第三任哈里發,奧斯曼重用自身奧馬亞家族得成員,導致貧富差距擴大,其他部族不滿。其中自哈里發爭奪失利後即淡出的阿里,其支持者組成了「什葉派」(意為「阿里的黨派、追隨者」)質疑奧斯曼的正統性,相對於什葉派,支持奧斯曼的穆斯林則稱為「遜尼派」。後來奧斯曼被來自埃及的激進派所殺害,由阿里繼位為哈里發,引來奧馬亞家族的不滿,在奧斯曼的侄兒穆阿威雅(Muawiyah I)的領導下,與阿里的支持者展開激戰,最後什葉派分裂,阿里被刺殺,穆阿威雅建立奧馬亞王朝,哈里發之位從此由選舉改為世襲。遜尼派和什葉派的爭議延續至今,有百分之八十的教徒為遜尼派,另百分之二十為什葉派。

三個王朝的建立

奧馬亞王朝統治時,阿拉伯帝國版圖大舉擴張,跨越歐亞非,為阿拉伯人帶來空前榮光,然而內部的分裂、鬥爭卻未曾停歇。世襲制度不能解決繼位紛爭,奧馬亞王朝走向衰敗,統治其他民族的嚴苛態度,都導致不安分子蠢蠢欲動,加上「什葉派」的反對勢力依然存在,使得阿拉伯再次面臨分裂。自稱是穆罕默德叔父阿拔斯後裔的一群人組成阿拔斯派,在西元七五〇年時,阿布阿拔斯(Abul `Abbas)推翻奧馬亞王朝,建立阿拔斯王朝。

不久,奧馬亞家族的殘存勢力在伊比利半島建立「後奧馬亞王朝」,而阿里和法蒂瑪(穆罕默德之女)的後裔在北非建立另一個王朝「法蒂瑪王朝」。這三個王朝以在衣著、旗幟上展現不同顏色為象徵,在與中國唐朝接觸過程中,唐朝以波斯語的譯音將阿拉伯帝國稱為「大食」並依顏色稱阿拔斯王朝為「黑衣大食」、後奧馬亞王朝為「白衣大食」,而埃及開羅為「綠衣大食」。

遜尼派與什葉派的形成

四大哈里發時期

第一任 阿布·伯克
- 穆罕默德第二任妻子之父。
- 最早的支持者之一。
- 在位後開始向外征戰，打贏東羅馬、波斯。

爭奪

第四任 阿里
- 穆罕默德的堂弟兼女婿（娶其獨女法蒂瑪）。
- 穆罕默德受其父親撫養，兩人關係親密。

第二任 奧馬爾
- 曾強力反教，後隨其妹皈依。
- 穆罕默德的岳父之一。
- 與阿布伯克同為穆罕默德的兩大支柱。
- 持續擴張國土。

第三任 奧斯曼
- 穆罕默德的堂弟兼女婿。
- 大力提拔自身的奧馬亞家族。
- 滅波斯薩珊王朝。
- 編訂《古蘭經》。

遜尼派  內戰 什葉派

奧馬亞王朝

- 建立者：第三任正統哈里發鄂斯曼的姪子穆阿威雅。
- 穆阿威雅在第四任哈里發阿里死後成為哈里發，並將哈里發制由選舉改為世襲，建立王朝。
- 王朝始終面臨政治情勢不穩的隱憂，最後遭反對派推翻。

阿拔斯王朝（黑衣大食）
- **建立者**：穆罕默德叔父後裔阿布·阿拔斯。
- **中心**：西亞
- **首都**：巴格達
- **結束**：1258年，蒙古最後一次西征的旭烈兀西征。

後奧馬亞王朝（白衣大食）
- **建立者**：奧馬亞王朝後裔阿卜杜拉·拉赫曼一世。
- **中心**：伊比利半島（西班牙）
- **首都**：科爾多巴
- **結束**：與基督徒衝突不斷，走向分裂。

法蒂瑪王朝（綠衣大食）
- **建立者**：自稱法蒂瑪和阿里的後裔阿卜杜拉·馬赫迪。
- **中心**：北非
- **首都**：開羅
- **結束**：遭內臣推翻，改建阿尤布王朝。

◆文化交流
戰爭開啟文化交流契機

中國與阿拉伯帝國分屬東西兩大強國，在文化、貿易中都有頻繁交流，但也在交戰的過程中進一步促進文化西傳，如中國的造紙術就是最好的例子。

友好與對立並行

西元七世紀初，穆罕默德在西亞崛起的同時，中國唐朝也稱霸東亞。穆罕默德曾對信徒說：「學問，雖遠在中國，亦當求之。」除可見穆罕默德對中國的嚮往之情，也反映出當時的阿拉伯世界與中國的交流情形。當時無論是唐朝或阿拉伯帝國，海陸交通都達到空前發達，商人往來貿易相當頻繁，欽慕中國文化的阿拉伯帝國也經常派使者前來。根據唐朝史書記載，自第三代哈里發鄂斯曼開始，至阿拔斯王朝及後奧馬亞王朝時代，遣使來中國的次數高達三十多次，一般也認為伊斯蘭教是在此時傳入中國。

但由於當時東西最強的兩大國皆往中亞的方向發展，因此戰事無可避免。西元七世紀，阿拉伯帝國向東擴張版圖，勢力到達中亞、印度一帶，而中國的疆域也抵達西域、中亞、阿富汗，一直到波斯邊境，並設置安西都護府管理。一直垂涎中國的阿拉伯帝國多次聯合吐蕃、突厥進攻唐朝領土，皆無法成功，但也並未使其打消念頭。而阿拔斯王朝建立之後，氣勢正盛，步步進逼中亞各國，此時正逢唐朝攻打石國（今烏茲別克），石國向阿拉伯帝國求援，兩國因而在西元七五一年時，於怛羅斯

（今哈薩克境內）進行一場大規模戰役，決定兩國在中亞的霸權歸屬。

將造紙術傳至西方

怛羅斯之役歷時五日，雙方兵力懸殊，阿拉伯帝國率所有屬國的軍隊，兵力約二十萬；中國則以兩萬到三萬左右的人馬迎戰。原本中國占上

中國造紙術的西傳路線

英國 1494 A.D.
德國 1300 A.D.
法國 1190 A.D.
西班牙 1151 A.D.
義大利 1268 A.D.
摩洛哥 1100 A.D.
歐洲最早擁有造紙術。
歐 洲
非 洲

風，但最後因內部軍隊倒戈，與阿拉伯聯手，導致最終吞下敗仗。此役使許多原本歸順中國的中亞小國，轉而成為阿拉伯帝國的一員；但並未因此影響雙方關係，阿拉伯帝國依然多次派遣使臣前往中國，而唐朝發生安史之亂時，阿拉伯帝國也派兵協助平亂。

而這次戰役最大的意義，還是在於促成中國文化西傳，成為改變西方世界的重要契機。在戰爭進行的過程中，阿拉伯帝國俘虜中國士兵、工匠近二萬人，其中包含熟知造紙技術的紙匠，因而將中國的造紙術傳到阿拉伯世界。西元八世紀，阿拉伯人在中亞撒馬爾罕（今烏茲別克境內）和阿拉伯帝國首都巴格達（今伊拉克）陸續建立造紙坊，製紙、抄書成為阿拉伯的重要工業，十二世紀時，阿拉伯再將造紙術傳到歐洲，促進西方世界的知識傳播。

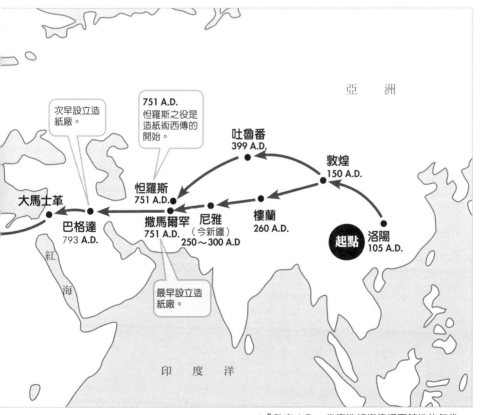

*「數字 A.D.」代表造紙術傳播至該地的年代。

◆工商業發展
孕育現代經濟的阿拉伯人

憑藉優越的地理位置，阿拉伯人在「地球村」概念尚未形成的中世紀，就已建立起宛如古代網絡的貿易網，連結起原本各自發展的歐亞各國。

憑藉交通優勢發展商業

因經商出身，穆罕默德對商業活動一向採取鼓勵態度，而在環境貧瘠、農業不發達的地區，商業也是最主要的經濟活動。隨著帝國擴張，厚藏豐富資源的帝國領土、發達的海運和造船技術，使得阿拉伯帝國商業網絡遍布於歐、亞、非三大洲，尤其是阿拔斯王朝對帝國內各民族實施平等統治政策，使各民族更積極創造財富，刺激商業發展，首都巴格達（Baghdad）成為首屈一指的大城、歐亞貿易中心。

除此之外，影響阿拉伯帝國商業發達的最根本因素是居交通樞紐地位的地理位置，以及海陸交通的發展。西元六世紀到七世紀，波斯帝國和拜占庭帝國互爭兩河流域，使得貿易路線改變，陸路方面，商人改經紅海到阿拉伯西岸，再到敘利亞，最遠可達中國、印度；海路則以印度洋與中國、東南亞貿易圈連結成一體，再透過紅海、地中海聯結非洲、歐洲，最遠甚至可到北歐。而西亞正位於陸路與海路的中間，因此各地盛產的商品、珍奇異寶全都聚集在巴格達港口，包括中國的絲、瓷器、孔雀、香料；非洲的黃金、象牙；印度的寶石、檀香；西班牙的皮革等，令人嘆為觀止。

影響現代商業的誕生

商業發達帶來農業和工業的發展。農業方面，阿拉伯商人引進各地耕種技術，改變阿拉伯本身的農業技術和環境，同時頻繁往來的商業也帶來農作物的全球化，各國農作物在阿拉伯帝國國內種植，使得阿拉伯帝國的農產收入、糧食收成和人口結構出現重大轉變。

工業方面，透過商業交流，阿拉伯商人引進各種原料、物資，並汲取各國的工業技術，回到國內發展，讓阿拉伯帝國許多城市變成工商業大城，如大馬士革的鋼鐵、巴格達的玻璃、製紙和珠寶、摩蘇爾（Mosul）的棉紡織和埃及的玻璃，在當時都是舉世聞名。

此外，因為商業貿易發達，阿拉伯商人首創許多商業組織，如銀行、商業公會、股份有限公司等，以及提貨單、支票、信用狀、收據等商業活動中所使用的工具，這些商業組織後來也傳至歐洲，影響歐洲的商業革命，並進而演化為現代商業交易往來模式。

創立新的商業組織

股份有限公司

合夥企業

商業信託

銀行

阿拉伯經濟體系

出現新的金融工具

可轉讓票據

跨國資金轉移系統

活期存款

信用卡

支票、本票

貨幣兌換

出現新的商業經濟模式

會計利潤

虧損

複式簿記

資本積累

支出、收入

契約

轉讓

匯率

訴訟

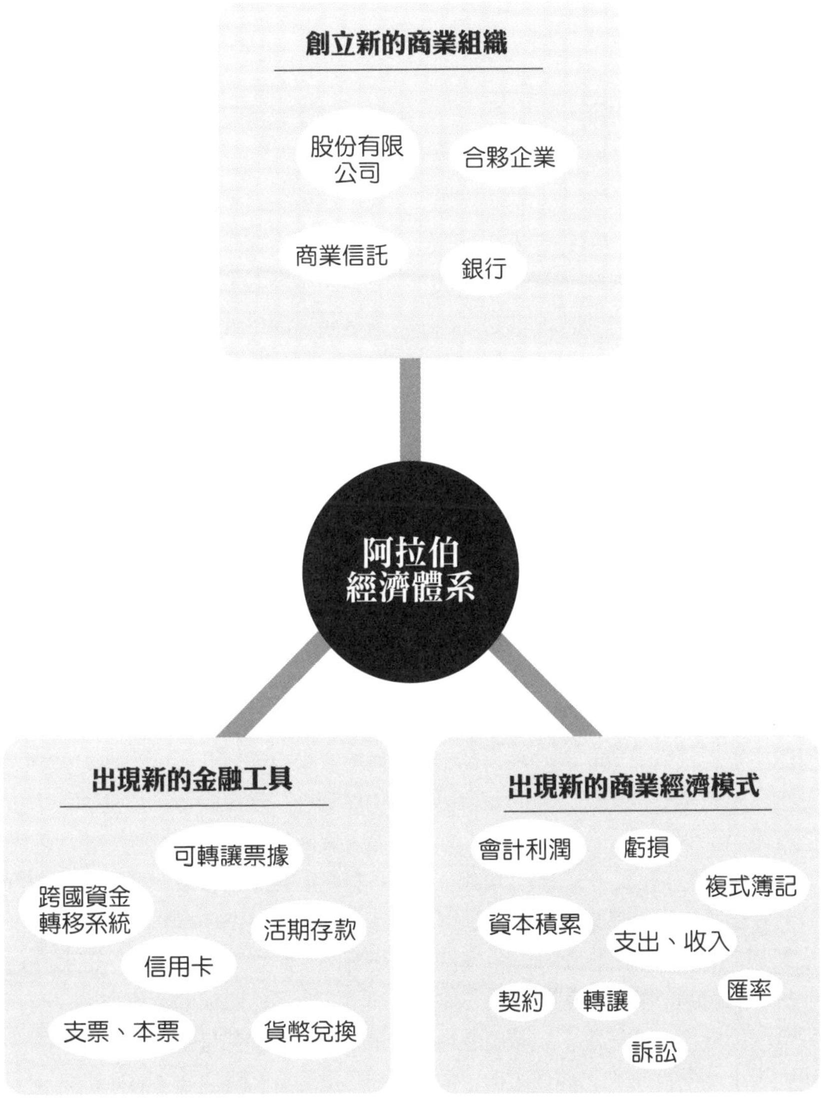

◆學術發展
世界級的知識學術殿堂

因穆罕默德獎勵學術的態度，使阿拉伯帝國致力於吸收並統整學術知識，不僅提升阿拉伯帝國本身文化發展，也影響日後歐洲文藝復興的產生。

世界知識匯集之所

穆罕默德曾說過：「學者的墨水，比殉道者的血更神聖。」表現出其提倡學術的態度。阿拉伯人正是在穆罕默德大力獎勵和提倡學術後，加上統治者和富商在各地設立圖書館、天文館和研究機構，以及慈善家大力資助教育和研究經費，而一掃學術發展落後的情況。一般來說，清真寺就是一個教育機構，也是圖書館，通常是小學教育的場所。另外，透過商業貿易交流，也讓阿拉伯人開始接觸到波斯、希臘、中國、印度等各國的學術文化，造紙術的傳入更讓阿拉伯地區紙張普及化，促進知識的傳遞。當時在巴格達有多達三十多所的公家圖書館，不論是官方或私人的藏書都十分驚人，光是一位王公貴族的藏書可能就超過整個歐洲。

為了能夠吸收各國學術知識，政府積極將書籍翻譯成阿拉伯文，阿拔斯王朝第七代哈里發阿爾・麥門（Al-Ma´mun）也在巴格達設置一座綜合學術機構「智慧院」，禮聘各地研究者來此進行研究、翻譯工作，並設置學校、圖書館、研究機構和翻譯所等，當時的阿拉伯世界隨處可見前來求知的學者，這些措施使阿拉伯一躍而為當時世界的文化大國。

名醫與醫藥著作發達

在阿拉伯的眾多學術研究中，最有成就的是科學，包括數學、天文學、化學、醫學等。阿拉伯人在征服過程中積極汲取被征服區域的知識，尤其是希臘、波斯和印度。在眾多學問中，阿拉伯人尤其特別重視醫學研究，因此醫學成就也是首屈一指。當時要想成為醫師、藥劑師，必須經過完整的訓練，並通過考試、領有執照，才能開業。當時光是在巴格達就有八百六十位執業醫師，可見醫學之發達。

阿拉伯的醫學發展建立在希臘醫學的理論基礎上，當時的分科已非常精細，有眼科、精神科、外科等，並結合來自波斯、印度等地的藥材，如樟腦、丁香、肉桂、龍涎香、水銀等，使阿拉伯的藥學更進一步。此外各科名醫也不勝枚舉，並著有相關書籍，如眼科名醫伊薩（Jesu Haly）所寫的《眼科醫生指南》，記載多達一百三十多種眼疾的治療方法，至西元十八世紀前都是歐洲的教科書；另外一位波斯名醫拉茲（Al- Razi），其《論天花與麻疹》是目前所知最早對傳染病的正確研究。

阿拉伯重要學術成就

數 學

● **代數**
創立代數學,已知二次方程式有 2 個根。

● **三角學**
在印度與希臘的基礎上發展出三角學,建立三角函數表,並運算出圓周率近似值至小數點以下第 16 位。

● **阿拉伯數字**
應用印度的數學符號,成為後來的阿拉伯數字

化 學

● **煉金術**
從中發展出化學,已會用磷做出人工寶石。

● **改良實驗過程**
引進蒸餾器、燒瓶等器材,藥學研究時也促進化學發展,包括已知蒸餾、昇華等方法。

● **新化學物質發現**
發現化學物品製造方法,如酒精、碳酸鈉、硝酸等。

醫 學

● **外科手術**
發明許多外科手術與器材,包括手術刀、外科縫合針等,眼科手術相當發達,有 130 多種眼疾治療方法。

● **傳染病**
發現傳染病以及用消毒隔離阻止擴散,對天花、麻疹等極有研究,並發現肺結核的傳染性,及水、土壤、個人衣物和接觸也是傳染源。

● **醫學巨著**
多本醫學名著影響歐洲醫學發展,包括《醫典》、《眼科醫生指南》等。

● **醫療體系**
設有大量與現在相似的大型醫院,以及專科醫院和醫學院,醫生需經專業訓練後,發給醫師執照才能執業。

● **藥學研究**
應用水銀、丁香、肉桂、龍涎香、乳香等藥物,並蒐集製藥方法發展製藥,編輯藥典。

物理學

● **翻譯**
翻譯引介希臘科學家如亞里斯多德、阿基米德、托勒密等人的作品。

● **光學**
研究光的反射和折射,已知光反射時,其反射角等於入射角。配合眼科手術,出現網膜、角膜、玻璃體等各部位的專有名詞。

● **力學**
發現慣性定理、力與加速度的比值與反作用力等。

天文學

● **提出地球繞日說**
推翻托勒密的理論,認為是地球繞著太陽轉,以及地球會自轉。

● **天文觀測**
巴格達等各大城市皆有天文台。並使用精準的觀測儀器,如象限儀、星盤、日晷等。

● **專有名詞的使用**
部分行星名稱和天文學術語沿用至今。

◆文學成就
富含異國風情的文學作品

隨著帝國擴張，開始產生一定規模的文學成果，伊斯蘭教經典《古蘭經》就是一部文學鉅著，此外也融匯各地的文學養分，成就出世界經典名著《天方夜譚》。

古蘭經也是文學鉅著

在穆罕默德統治阿拉伯地區前，阿拉伯處於部落形式的游牧生活型態，文學以口傳的吟唱詩歌為主，大多為讚美戰鬥、復仇的詩歌，也有少部分為歌詠愛情或大自然的作品，但沒有敘事詩。這些口傳詩歌經過幾個世紀的傳誦，一直到西元八、九世紀才被記錄下來，流傳至今。

穆罕默德在西元七世紀創立伊斯蘭教後，信徒將他所說的教義、啟示記錄下來，並經過多次的蒐集與編訂，終於成為伊斯蘭教的重要經典《古蘭經》。古蘭經全書用阿拉伯文寫成，內容包含伊斯蘭教的信條、法律，以及阿拉伯人的思想與道德。許多章節文體優美、富含動人有力的韻律，是阿拉伯文學史劃時代的鉅著。

隨著帝國擴張，阿拉伯與外界文化開始有大規模往來接觸後，許多波斯、印度的文學作品也被翻譯成阿拉伯文，形成融合異國風格的阿拉伯文學，其中較具代表性者，為脫離宗教色彩的寓言故事，如自印度故事集改編而來的《卡里拉與迪姆那》，此書以動物為主角，用豐富精彩的故事來探討人性。

汲取各國精粹的天方夜譚

西元九世紀的阿拔斯王朝，在結束多年的征戰和領土擴張後，經濟、學術與各種文化發展均達於極盛，匯集阿拉伯、印度、波斯、埃及、敘利亞等各國故事的《天方夜譚》就是此時的作品。

《天方夜譚》原名「一千零一夜」，最早源自於波斯的《一千個故事》，在八世紀時翻譯成阿拉伯語，而後陸續加入不同國家的故事，最終集結成一本充滿神奇異國色彩的文學作品。故事以一個感情受到背叛的國王為骨架，敘述國王因對女性懷抱怨恨，而在每天都迎娶新的王妃，並在隔天一早殺害，宰相的女兒既聰明又善良，為拯救國家所有的女子而自願嫁給國王，並在每天晚上說一個故事，以引起國王的好奇心，好讓國王不忍心殺她，一千零一夜後不但成功打開國王的心結，也解救千千萬萬個女子。《天方夜譚》包含許多膾炙人口的篇章，如「阿里巴巴與四十大盜」、「辛巴達歷險記」和「阿拉丁神燈」。這本書在十八世紀時經過法國文學家安托萬·加朗（Antoine Galland）的翻譯，風靡整個歐洲世界，成為世界名著。

《天方夜譚》的形成過程

8～15世紀

逐漸成書
- 故事架構可能起源於印度與波斯。
- 8世紀時波斯的《一千個故事》被譯為阿拉伯文，形成本書的雛形。
- 12世紀時成書（手抄本），13、14世紀敘利亞出現原稿，有300個故事。

加入故事素材
- 阿拔斯王朝的巴格達（10～11世紀）。
- 埃及麥馬立克王朝（10～11世紀）。

例〈染匠與理髮師〉（14～15世紀）。

18世紀

首次出現印刷本，但被翻譯為西方文字
- 1704～1717年，法國人加朗（Antoine Galland）根據敘利亞手稿大幅改寫，出版法文版。
- 1706年時已有最早的英文版本，名為《阿拉伯之夜》。

加入故事素材
例〈阿拉丁與神燈〉

產生其他翻譯版
- 1712～1763年譯成德語、義大利語、荷蘭語等。
- 1768年波蘭語出版。

19世紀

歐洲人開始出版阿拉伯文版
- 1814年英國東印度公司在加爾各答發行現存最早的阿拉伯語版，有100個故事。
- 1825～1843年又發行新的版本，已有1001個故事。
- 1838～1840年英國東方學家萊恩（Edward William Lane）出版新的英文版《一千零一夜》故事集，是日後許多兒童版的參考原本。

阿拉伯地區也出版阿拉伯文版
- 1835年埃及政府出版《阿拉伯之夜》，是第一個非歐洲人出版的阿拉伯語版本。

20世紀

開始出現中文版
- 初期根據英文版翻譯為中文。
- 中期，穆斯林學者納訓開始根據阿拉伯文版翻譯為中文。

民初中文版代表
- 1900年：周桂笙（發表於《新庵諧譯》）。
- 1904年：周作人，取名《俠女奴》。

索引

國家圖書館出版品預行編目資料

圖解定調人類格局的八大文明 / 鄭伊絢著. -- 初
版. -- 臺北市：易博士文化，城邦文化出版：
家庭傳媒城邦分公司發行，2014.04
　面；　　公分. -- (knowledge base；51)
ISBN 978-986-6434-55-6（平裝）

1. 文明史　2. 通俗作品

713.1　　　　　　　　　103002034

Knowledge Base 51

【圖解】定調人類格局的八大文明

作　　　　者／鄭伊絢、易博士出版部
企 畫 提 案／蕭麗媛
企 畫 執 行／楊麗燕
企 畫 監 製／蕭麗媛

總 　 編 　 輯／蕭麗媛
業 務 副 理／羅越華
編　　　　輯／楊麗燕
視 覺 總 監／陳栩椿
發 　 行 　 人／何飛鵬
出　　　　版／易博士文化
　　　　　　　城邦文化事業股份有限公司
　　　　　　　台北市中山區民生東路二段 141 號 8 樓
　　　　　　　電話：(02) 2500-7008　　傳真：(02) 2502-7676
　　　　　　　E-mail：ct_easybooks@hmg.com.tw
發　　　　行／英屬蓋曼群島商家庭傳媒股份有限公司城邦分公司
　　　　　　　台北市中山區民生東路二段 141 號 11 樓
　　　　　　　書虫客服服務專線：(02) 2500-7718、2500-7719
　　　　　　　服務時間：週一至週五上午 09:30-12:00；下午 13:30-17:00
　　　　　　　24 小時傳真服務：(02) 2500-1990、2500-1991
　　　　　　　讀者服務信箱：service@readingclub.com.tw
　　　　　　　劃撥帳號：19863813
　　　　　　　戶名：書虫股份有限公司
香 港 發 行 所／城邦（香港）出版集團有限公司
　　　　　　　香港灣仔駱克道 193 號東超商業中心 1 樓
　　　　　　　電話：(852) 2508-6231　　傳真：(852) 2578-9337
　　　　　　　E-mail：hkcite@biznetvigator.com
馬 新 發 行 所／城邦（馬新）出版集團【Cite (M) Sdn. Bhd.】
　　　　　　　41, Jalan Radin Anum, Bandar Baru Sri Petaling, 57000 Kuala
　　　　　　　Lumpur, Malaysia
　　　　　　　電話：(603) 9057-8822 傳真：(603) 9057-6622
　　　　　　　E-mail：cite@cite.com.my

美 術 編 輯／張瑞玲
封 面 構 成／劉怡君
內 頁 插 畫／高世傑
製 版 印 刷／卡樂彩色製版印刷有限公司

■ 2014 年 4 月 15 日初版 1 刷
ISBN 978-986-6434-55-6

定價 300 元　HK$ 100

城邦讀書花園
www.cite.com.tw